指向核心素养的

高中英语主题单元教学策略

》 夏竹慧——著

东北师范大学出版社

长 春

图书在版编目（CIP）数据

指向核心素养的高中英语主题单元教学策略 / 夏竹
慧著. — 长春：东北师范大学出版社，2020.11
ISBN 978-7-5681-7338-4

Ⅰ.①指… Ⅱ.①夏… Ⅲ.①英语课—教学研究—高
中 Ⅳ.①G633.412

中国版本图书馆CIP数据核字（2020）第220710号

□责任编辑：石　斌　　　　□封面设计：言之凿
□责任校对：刘彦妮　张小娅　□责任印制：许　冰

东北师范大学出版社出版发行
长春净月经济开发区金宝街 118 号（邮政编码：130117）
电话：0431-84568115
网址：http：// www.nenup.com
北京言之凿文化发展有限公司设计部制版
北京政采印刷服务有限公司印装
北京市中关村科技园区通州园金桥科技产业基地环科中路 17 号（邮编：101102）
2022年6月第1版　2022年6月第1次印刷
幅面尺寸：170mm×240mm　印张：10.25　字数：185千

定价：45.00元

做学生英语学习的"推动者"

英语课程内容是发展学生英语学科核心素养的基础，共包含六个要素。主题语境是英语课程内容的第一个基本要素，其他五个要素分别为语篇类型、语言知识、文化知识、语言技能和学习策略，这些都应该在一定的主题语境下进行，由此六要素整合在一起，形成指向学科核心素养发展的英语学习活动观。在《普通高中英语课程标准（2017年版）》中，所有的英语语言学习活动都基于三大主题语境进行，即"人与自我""人与社会"和"人与自然"，它们为学科育人提供话题和语境。基于此，本书在整体建构主题单元教学设计的基础上，探讨如何基于明确目标，有针对性地围绕主题意义开展英语主题单元教学，引领学生围绕主题厘清不同类型的语篇脉络，开展围绕真实课堂任务的层层递进的英语学习活动。学生在解决真实问题、参与英语项目活动的过程中，运用语言技能获取、梳理、整合语言知识和文化知识，创造性地表达个人观点和态度，力争形成对学校、对社区、对城市有益的社会成果，指向发展学科核心素养。

教育的本质是育人，基础教育应当为人的一生打好基础，即为学生终身发展所需要的知识、能力、方法、兴趣和志向做好基本储备。新课改背景下的英语教学更加突出学生的主体地位，强调教师在学生学习过程中的促进和推动作用。英语项目式学习可以自然而然地走进学生的英语学习和生活中，教师基于项目式学习整体建构单元主题教学，创设主题语境，可以使主题与学生生活紧密相连，极大地调动学生的学习兴趣和已有的生活经验。教师统筹兼顾，逆向设计单元教学目标，引领学生围绕主题意义有针对性地分析问题、解决问题，开展对语言、意义和文化内涵的探究，可以很好地、有梯度地助推逻辑思维和批判性思维的发展。在学习语篇的过程中，基于语篇信息鼓励学生学习和运用语言，运用支架式教学模式帮助学生建构语篇知识脉络，让学生阅读丰富的语篇类型，体会语篇中段与段的关系，语篇中各部分与语篇主题之间的关系，了解各种语篇的格式和宏观组织结构。在完成课堂教学任务的过程中，结合任务型教学模式引领学生将主题与生活紧密相联，多角度地审视主题概念，深化对主题的理解和认识。在完整的主题单元学习过程中，学生始终围绕在主题的课堂学习中，围绕在主题意义的多种语篇的阅读和学习中，完成主题项目式学习建构新概念，深度学习主题，丰富人生阅历和发展思维方式，树立正确的世界观、人生观和价值观，更好地实现知行合一。

英语教学是严谨的，但课堂气氛应该是活跃的，课堂教学设计源自教师的教育智慧，"只见树木，不见森林"是不可取的。教师在课堂教学开始之前就应该站在主题概念的高度上建构单元整体教学，安排主题教学活动和课堂教学，这种统揽全局的教学设计会给学生带来更多思想和知识的冲击，学生的学习也会更有针对性，这样的课堂也更富有生命力。

目录

第一章

以项目式学习把脉主题单元整体教学

第二章

以评价先于设计引领主题单元教学目标

第三章
以支架式教学建构主题课堂语篇脉络

第四章
以真实性任务驱动主题课堂教学活动

以项目式学习把脉主题单元整体教学

英语项目式学习指向语言素养培养

21世纪教育的核心问题是"人的全面发展"，联合国教科文组织曾提出21世纪教育的四大支柱是要培养学生学会四种本领：学会求知（Learning to know）、学会做事（Learning to do）、学会共同生活（Learning to live together）、学会生存（Learning to be）。由此可见，现今全球的趋势和21世纪教育的重点是，培育下一代在当今世界取得成功所需要的素养和能力；在核心学术内容之上，培养和建立批判性思维能力、合作能力、沟通能力、分析能力和创造性解决问题的能力。教人读书、做事、做人，涵盖了学校教育的过程与结果。项目式学习最大的优势是它可以扩展课程，让课程结合全球化环境下与人们生活和需求相关的一些真实的社会话题，引导学生关注社会、关注生活，以适应不断变化的世界，引领学生未来发展，成为人生赢家。

项目式学习的思想源于杜威"从做中学"的经验学习教学理论，以及其弟子克伯屈的设计教学法（Project Method）。那时的项目式学习主要针对过于重视读书所造成的弊端，强调通过一个个经过设计的项目学习"做事"。项目式学习（Project-Based Learning，PBL），又译为"基于项目的学习"，作为一个学术概念，源于1958年美国医学院的一种做法，其核心包括两大部分：一部分用于组织和推进活动的真实问题，另一部分是最终形成的问题解决方案或产品。后来，建构主义与学习科学的发展为此类项目式学习提供了情境、建构、认知学徒制等学理上的依据，使得项目式学习在医学、教育、管理、经济等领域获得了广泛的认同与推崇。

在教育领域，当21世纪世界各国将教育目的聚焦在核心素养上时，做事与做人的教育备受重视。目的变了，手段必须改革，关键能力需要通过学会"做事"的项目来实现，必备品格与价值观念需要通过学会"做人"的项目来培养。同时，在做事中达到育人的目的。项目式学习强调真实情境、复杂问题、超越学科、专业设计、合作完成、成果导向和评价跟进，在新的时期焕发出新的生命与活力。项目式学习既可作为一种独立的课程形态，运用大项目设计课程单元或模块，也可作为中小学生非常重要的学习方式，普遍存在于他们的学科或跨学科学习之中。

英语项目式学习聚焦第二语言的习得，不同于一般的英语课，它更加注重运用英语进行批判性思考和探究的能力。根据斯托勒（Stoller）的研究，满足以下条件就是成功的语言项目式学习。

（1）同时指向结果和过程。

（2）学生在一定程度上起主导作用。

（3）要超出一节课的时间。

（4）整合内容和语言的学习，同时包含个体和小组的学习。

（5）要求学生对过程和结果进行反思。

英语项目式学习指向学生的英语语言素养培养，在真实的语言情境中培养学生运用英语语言知识思维和交际的能力，使语言学习变得真实可感。学习素养不等同于知识的积累，而是灵活地运用所学知识解决生活中的基本问题。学习素养是指在不同的情境中能够创造性地解决问题，对生活情境的学习能力和应变能力是素养的核心。如何运用所学知识灵活地解决现实中的生活问题是每一位21世纪的学生必备素养。学习语言最重要的目的是满足交流，真实的驱动性问题让学生产生迫切的交流意愿，激励他们冲破语言障碍，灵活运用词汇知识和语法内容来表述自己的愿望和想法。那些仅仅局限在英语课堂上的孤立的、切割的、单调的、密集的语言重复训练及在现实中没有进行过知识迁移的语言，只会增加学生的厌学情绪。只有当学生在生活中运用语言技能整合概念知识、个性化表达观点时，只有当英语作为学生交流思考、表达创造的工具时，只有当包括听说读写的语言学习得到整体性体现时，学生的学习需求才会得到更大的满足。

英语项目式学习在词汇运用和语法教学方面具有正向的促进作用。学生将课堂语言编制进有意义的协商建构中，灵活转换语言表述以达到让他人理解自己语言表达意见的目的，这一过程不是单纯地复述或测试词汇语法，而是运用所学语言进行真正的沟通，努力解决问题，这种真正意义上的互动交流极大限度地提高了学生的沟通能力。在英语项目式学习过程中，学生不仅丰富和扩展了语言知识，而且有更强的学习动机，产生了关于概念知识的深度理解，更好地掌握了英语思维技能。英语项目式学习为英语语言的学习创造了真实而有意义的情境。学生通过对主题知识进行个性化的知识运用，有意识地反复运用特定词汇进行大量的词汇输入和输出，克服了口头表达的恐惧心理，并且将所学知识与现实生活建立有效联系，提升了口语自信度，大大发展了沟通能力。

《普通高中英语课程标准（2017年版）》（简称"课程标准"）和新教材的到来给教师提供了开展项目式学习的充分理由，通过新教材的单元主题设计，教师可以明确项目式学习过程中学生取得成功必须掌握的重点技能，确定通过一个主题项目培养了学生什么样的个人思维习惯，学生在项目式学习中学到的核心概念是什么，与国家课程标准进行比较有什么关键内容，在项目中的关键标准或结果是什么，学生在项目式学习中提高了何种社交技能。好的项目式学习能够引发学生广泛查阅项目的背景知识，并对其进行深刻的思考，因此教师需要提供明确的信息来帮助学生做出判断，把英语项目式学习看作一个提出问题、回答问题、解决问题、得出结论的过程，在项目式学习过程中，引导学生运用推理概括等培养自己的批判性思维。在解决问题的过程中，学生需要获取相关知识并学以致用，提高综合运用语言知识的水平和能力。通过合作解决真实情境中的复杂问题，学生的合作交流能力、动手操作能力、创造能力与批判性思维均得到很大提高。另外，学生在团队协作的过程中，不可避免地出现不同的意见，即可能会对相关问题提出赞成意见和反对意见，共同探讨问题的解决方式而进行各种不同的争辩。学生在此过程中寻求合理解决问题的途径，最终经过整个过程中的深入学习，培养了21世纪应具备的基本技能——探究协作能力、沟通能力和创造性，取得更好的项目学习成果。

目前，普通高中存在的最大的问题是当我们把众多高考科目类的知识、技能类的课程排得满满当当的时候，再用另外一套系统来重新确立学生的学习目标，培养学生的核心素养是有相当难度的。这种"两张皮"的学习状态，并不能从本质上改变学生的学习状态，因此契合学生原有的课本知识来开展项目式学习才是我们在课堂改革中应该关注的重中之重，如何将已有的核心知识和项目式学习相结合，便是我们研究的焦点。如何在项目式学习中提出驱动性问题？如何设计具有真实生活含义的学习情境？何种项目式学习任务能充分改变学生学习方式和思维方式？如何激发学生学习的原动力，使他们主动地投入学习？学生学习方式的转变主要源于学习设计者的导向问题，好的学习项目设计可以有效地促进学生知识能力素养的融合。这不仅要求我们对课程标准进行充分解读，还要求我们基于学科概念理解课程标准中的核心能力和关键问题，引发学生思考学习内容在现实世界中的意义和作用。

在项目式学习中，教师必须考虑如下几个关键问题：

（1）如何设计才能够真正驱动学生主动学习和合作学习？

（2）如何平衡书本知识和项目式学习知识的现实情境？

（3）哪些项目式学习的成果展示最能凸显学生学习能力的提升？

（4）我们如何在项目式学习中激发学生的主动学习和探究精神？

这些问题要求教师从教学模块的整体构造出发，为学生合理搭建每一个单元的项目式学习的总体任务以及该项学习下分解的小任务，通过逐步实现小任务来完成整个项目学习，真正地实现学生学习知识迁移的学习过程。

英语项目式学习必须是自然而然地走进学生的生活，这种学习的存在才会更加美好。基于项目式学习开展单元主题教学，可以使主题与学生生活紧密相连，极大地调动学生的学习兴趣和已有的生活经验，在单元学习的过程中，基于已有的生活或学习经验建构主题知识脉络，并重新审视主题概念。在实践项目学习的过程中，将主题与生活紧密相连。如果课堂只是按部就班地讲授知识，那就如同记流水账一样记录一天的经历，学生会觉得索然无味；如果教师在课堂教学开始之前联系生活想象课堂中需要讲授的知识及需要安排的主题教学活动，那么这个课堂就是富有生命力的课堂，这样的课堂会给学生带来很多思想和知识的冲击，也会让学生爱上这个堂课。教师围绕单元主题，站在主题概念的高度上，建构单元整体教学和课堂教学，必然会收获别样的教学效果。

英语项目式学习强调整体设计

学生的学习和成长是不可替代的，如何最大限度地开发学生的学习潜能才是重中之重。作为学生学习的引路者，教师最需要做的事情是创设学生在实践学习中不断成长的优良环境，为学生提供发展的助力。英语项目式学习让学生经历有意义的学习实践历程，包含知识、行动和态度的"实习实践"，锻炼和培育学生在复杂情境中灵活地转换心智。在团队协作完成项目式学习的过程中基本会涉及五种学习实践形态，包括探究性实践、调控性实践、社会性实践、审美性实践和技术性实践。其中探究性实践几乎在所有的项目式学习中都会被用到，在运用探究性实践形态时，学生往往把自己看作遇到难题并积极解决问题的人，从对现实世界的观察与调查中产生问题、提出问题，然后联系所学的主题概念知识，建构理解或运用推理进行批判性思考，在现实生活中迁移知识，验证项目成果的相关解释，讨论解释和成果设计的适切性，最后进行修订完善。切实的项目式学习必须关注以下几点。

一、认可和尊重学生的自主权

为特定的目标而努力地学习是学生实现人生意义和目标的动力。植物的良好生长需要合适的自然环境，学生的学习能力和创新能力的培养，也依赖于教师积极创造和充满想象力的土壤。如何让学生体验全身心投入的充实感和成就感，需要教师为学生搭建发挥自己创造力和表现力的平台。在项目学习中，教师应重点关注学生必须拥有的技能和态度。教师不可能在一个项目式学习中培养学生所有的21世纪技能，因此一个好的项目评估的技能不能过多，只需把几个重要的技能教好。教师一定要充分意识到冰山教学理念的重要性，意识到学生的创造力产生于他们的心理。创造性教学要求教师将注意力转移到内在发现的过程中，留给学生充分的时间集思广益，深入学习，相互探讨。

在项目式学习中，教师不是将项目作为传统课程结束后的展示表演或附加实例，而是在项目开始之初便让学生了解他们即将学到的知识是用来做什么的，所有的知识和技能都被问题结构化、组织化，以驱动学生的学习动力，启动学生的自我系统。每一位学生都应该知道，除了应对考试之外，所学内容还具有一定的社会意义和价值感，从而发现自身与世界的联系。学生在持续探究项目的过程中，通过项目式学习来理解重要的主题概念，对于学科有关的驱动性问题进行深入持续的探索，围绕主题意义建构知识脉络和解决问题，形成对核心知识和学习历程的深刻理解，在新情境中迁移运用，调动所有知识、能力、品质等创造性地解决新问题，形成公开成果。因此，项目式学习最终目的是帮助学生实现知识的再建构。知识的再建构最重要的表现是能够在新的情境中迁移、运用，除了转换和产生新知识外，不能运用周围的各种知识和资源来解决实际问题，并且要在行动中做出来。当学生在新的情境中能够运用以往的经验产生出知识，就意味着迁移和知识再建构的发生。如果主要的项目活动对学生来说没有挑战性，只是知识的应用，或者只是学生已经学会的技能的二次呈现，这就不是真正意义的项目式学习了。

二、设计真实性的且有意义的项目

项目必须深入问题，探索答案，并且能够引导学生关注社会、关注社区，要让学生觉得一切努力都是值得的，因为学生作为未来的世界公民，正在为社会或社区贡献自己的微薄之力。对于有创意的项目，教师可以根据课程标准或教学单元，将其巧妙地设计在项目学习中。学校和社区周围的自然保护中心、家庭或社区存在的实际问题、学生个人发展和个人成长中存在的任何问题都是项目学习的指引方向。为了引导学生关注与课程相关的国内外重大事件，教师应围绕该问题进行适当的项目规划，因为项目的学习与学生的生活息息相关。在项目开始之初，教师要告知学生，期望学生从项目中学到什么以及学生如何完成这一项目。在不看重分数而看重创新与变革的未来，好的项目应该赋予学生真实的挑战，引发学生积极参与，鼓励学生寻求更好的解决方法，并创造出更为真实和有意义的方法，解答亟待解决的问题。项目提出的问题必须具有开放性，值得探究、鼓励、批判，强调解决问题，为了圆满地回答这个问题，学生必须在掌握核心知识技能的基础上，具备深层学习和探究的能力。

真实项目并不要求学生学习活动中的每个要素都必须是真实的，而是要让学生看到知识和世界的某种联系。项目式学习更强调思维的真实，其所指的真实主要有如下几个方面。

（1）所学知识和能力的真实。

（2）所运用的思维方式的真实。开展与生活实际关联的项目，对学生来说能积累非常有价值的学习经验。

（3）产生可改善自己或周围环境的成果。

这项成果对自己、对他人或对周围世界都是有意义的。它能真实地触动学习者自己或者周围的世界。项目式学习将学生、学校、社区和现实世界联系起来，使学生通过探究解决那些对自己、对社区或对世界有益的问题，更好地实现自我发展。项目式学习会使学生在知识的传递、知识学习的深度、主动投入的学习态度和自我认识的发展上有更好的表现。项目式学习对现实世界的关注会让那些对学习原本不感兴趣的学生投入学习，使学生形成大格局的心智自由，让学生对于自我与英语学科之间、英语与生活之间的关联性进行深入的思考。虽然机械记忆应对考试时取得成效更快，但如果学生一味地被要求服从考试、关注标准答案，将很难形成创造力与批判性思维。这种方式往往把教育的目标局限得过小，放弃了形成学生更大格局的心智习惯的可能性。

三、设计系统化教学进度表

项目式学习具有学习设计和课程设计的系统性，需要整合考虑知识认知策略、学习实践、个人和团队的学习成果等诸多方面。每一个项目式学习都会涉及至少三种实践，其中探究性实践、社会性实践和调控性实践是不可或缺的。有些学生会采用更偏向审美性实践的方式来解决问题，有些学生会采用更偏向技术性实践的方式来解决问题，教师应允许学生用艺术的、实用的、科学的、文学的等不同方式表现他们的项目式学习成果。项目式学习的持续探究式的学习历程打破了原来学科学习中单课落实的特征，从整体单元的角度进行整体设计，在持续的学习过程中，课与课之间明显的、堂堂清的特征被削弱了，更多地呈现出解决驱动性问题的阶段过程。在解决问题的一个阶段中可能会包含若干节课的组合，形成一个经验单元。这里需要说明的是，微知识点没有必要设计项目式学习。

明晰核心内容后，需要构建核心概念，合理确定项目结果，采用逆向规划方法，制订项目的执行计划。教师教授重要内容时，将项目分解成若干步，设计加深理解的系统化教学进度表。汤姆·马克姆在《PBL项目学习》一书中提出以下教学流程。

（1）用子问题来构建项目的各个阶段。每周开始时，教师要提出子问题，作为对驱动问题的补充或者用于启发学生的思考和反思。一周结束时，教师要检查学生对问题是否理解。

（2）将主题与重大目标和内容联系起来。当教师在教授主题的时候，可以让学生思考所讲授的信息是如何帮助他们理解概念的。

（3）定期布置开放性作业。采用短篇日记、短文或者反思练习等形式，提醒学生复习所学的概念。

（4）记录整个项目中出现的问题和想法。让学生定期回顾所学的项目知识和对概念的理解，采用同伴讨论的办法来交流意见。

四、设计指向高阶思维能力的项目

埃里克森等人在概念为本的课程设计中指出，从事实到主题再到概念是一个知识不断抽象化的过程，为了促进学生的真正理解与迁移，需要上升到概念以上的层级来进行思考。零碎的信息储存式的学习难以转换心智和跨情境迁移。会学的关键在于形成概念性的思维，运用概念来整合思维进行迁移，深度学习理解并整合运用知识。项目式学习是概念的聚合器，聚集零碎知识信息，有效整合事实性知识。教师要鼓励学生在情境中深入理解主题概念，产生超越事实的抽象思维。项目式学习促进学生更深刻地理解概念知识，经过深度的创造性思考之后，发展出更深层次的思维，让学生意识到每一个学科都是动态的和灵活的，包含了探索和思考，而不是简单地识记与背诵知识。

项目式学习利用高阶学习带动低阶学习，指向高阶思维能力。因为考试的驱动，在日常教学中，教师通常会花大量时间让学生进行知识的识记和练习，然后再讲授，从具体而琐碎的知识和技能开始一点点为学生夯实基础，因而没有时间让学生进行高阶学习。项目式学习在一开始就用具有挑战性的问题创造高阶思维的情境，激发学生学习的内动力，明确学生提出的带有问题解决、创造、系统推理分析等高阶认知策略的项目任务，让学生在由强大的驱动性问题所产生的内动力中创造一个真实的作品。在完成作品的过程中与各种材料和文本互动，学生再进行低阶学习，主动查找、识记信息，将信息组织化，巩固和理解信息，为完成这一作品所需要的知识网络和技能做准备。项目式学习指向的是真实的问题解决、探究性的学习历程以及知识与技能在情境中的建构，注重持续性的、深入探究的学习方式，产生可见的公开成果。项目式学习有清晰的目标，尤其指向目标中的核心知识、高阶认知策略的定位。

驱动性问题启迪学生思维品质

当前英语教学的关键任务是在信息化大背景下如何以学生发展为本，关注人的更深层次的发展。在具体的技能下，关注学生的终身学习、情感发展，运用多种资源提高学生的能力，帮助学生更好地融入社会，提高学生的思维品质。高中英语学习是更自主的学习，学生与文本有更多的互动，学生应该具备更多的探究能力和灵活、多渠道获取资源的学习能力。《普通高中英语课程标准（2003年版）》开创了外语教育的新篇章，把外语学习与学生的情感、态度、价值观和思维能力联系起来，要求学生根据话题学会学习，认知社会、认知自然、认知人类，实现完整的认知过程，同时实现情感、态度、价值观的发展，引领学生懂世界、定立场。2017年版英语课程教学大纲和新版教材课程标准是对2003年版课程标准的传承与创新，教材实现渐进式引领，在2003年版教材的基础上改良创新、传承发展，要求学生能够通过英语语言的学习获取更多信息，在大视野中提高学生的英语水平。新教材体现了基于话题、指向主题的处理信息的活动过程。新教材设计强调主题语境和主题概念，其基本逻辑是为学生提供主题背景性知识，引导学生学习主题语言支持的基本信息，梳理文章的信息，获取文章的信息和观点，表达话题的组合型信息。新教材单元以话题为核心，以话题下的语篇呈现主题意义，强调文体丰富的信息，要求教师带领学生基于情感，积极主动地体会单元主题意义。

英语项目式学习可以让学生自我激励，学生对项目了解得越多就越容易主动参与主题单元的学习，因此教师必须为学生提供一个明确的项目和准确的驱动性问题。

驱动性问题是项目式学习的"北极星"，是能够驱动整个主题意义单元发展的问题。驱动性问题是项目式学习的核心要素，使整个项目活动保持持续性和一致性，学生的项目式学习是通过驱动性问题黏合在一起的。驱动性问题要考虑以下基本因素：问题是否有助于学生理解课程内容？是否具有挑战性？是否能够丰富学生的知识水平，提高学生的生活能力？驱动性问题是否能够引导学生深度学习和精确地安排时间？教师应该抛给学生一个有趣而相关的问题，鼓励学生积极地去探索和深入学习，使学生明确在项目开始时他们如果要解决问题，还需要获得哪些知识。

那么，什么样的问题是好的驱动性问题呢？具体如下：

（1）驱动性问题能够创造具有挑战性的项目，激发学生探索真实的好奇心，驱动学生提高解决问题的能力，发展批判性思维。

（2）驱动性问题能够发展学生的学习策略，让学生知道这是一个真实而深刻、需要探讨和分析的问题，在问题的驱动下调节和管理自己的学习过程与学习行为，在遇到挫折和困难时能够坚持到底，同时增强学生的义务和责任意识，培养和团队精神。当学生在团队合作的过程中出现分歧时，要学会善于倾听、欣赏他人、彬彬有礼、支持他人、具有同理心以及与人为善。

（3）驱动性问题是一个可以评估的挑战。好的驱动性问题能够让学生明确研究方向，引发学生重组知识概念和基本问题，专注项目的几个重点，实现知识的飞跃。

（4）驱动性问题的答案是开放的，不是唯一的。好的驱动性问题能够帮助学生审视有冲突的观点，分辨哲理性的差异，并探究问题。

（5）驱动性问题有利于学生把握学习的质量和方向。好的驱动性问题设计必须是以项目中涉及的几个标准为基础和依托的，让学生把握学习的质量和方向，在项目式学习过程中加强沟通与合作，并培养反思和深入思考的习惯，用分析推理的方法将设计过程和项目结果表示出来。

（6）合理的驱动性问题需要有多个子问题来构建，同时作为对驱动性问题的补充，可启发学生的思考、反思，定期布置的开放性作业，提醒学生复习所学的概念。

夏谷鸣（2017）提出，逻辑性主要表现为思维的规则和规律，具体涉及概念、判断和推理等心智活动；批判性在于质疑、求证的态度和行为，既不盲目接受一种观点，也不武断拒绝一种思想，而是通过正确的途径求证事物的真假；创造性侧重于求异、求新，不墨守成规，善于想象，善于改变，推陈出新。我们知道，驱动性问题没有固定的答案，需要学生结合所学的英语学科知识以及自己的认知和经历，对学科内容进行深入的探究和思考，需要学生考虑其他不同观点，权衡证据，论证自己的想法和答案，在此过程中有效地提升思维的逻辑性、开放性和批判性。

英语项目式学习激发团队协作

进入20世纪以来，学校为学生定下了目标，即从大学或技术培训课程中获得证书。时至今日，工作机会可遇不可求，大学生的失业率越来越高，全球职业竞争日趋激烈。因此，以前所定的目标已经满足不了现在的学生了。作为一名教师，我们的任务就是让学生为大学、为工作、为以后的生活做好准备。这些都要求我们为学生的职业生涯做好准备，我们可以把职业生涯准备作为激励工具，告诉学生全球人力需求和竞争性学校制度，让他们了解国内外的学生取得的成就，让他们知道其他教育制度是如何定义世界级教育的。21世纪既充满竞争，又协同合作，竞争与合作的和谐交响将成为世纪主旋律，团队精神已成为效益最大化的代名词。在优秀的项目式学习中，教师引导学生完成项目，既激发学生合作，又充分鼓励学生善于迎接挑战，激发其内在的竞争力量，因为竞争与合作是互为依存的关系。"竞争"（Compete）这个词源于拉丁语动词Competere，意思是"走到一起或者共同努力"。

研究性学者认为，对于复杂的任务，团结协作可以加深理解，促进更高层次的思考，从而产生更好的成果。因此，教师应教育学生通过合作凝聚成一个团队，共同追求质量或目标，这是赋予学生最有意义的技能。

一、激发团队学习的最大效率

在项目式学习前，教师应了解每一个学生的特长，从学生的角度出发，科学合理地分配成员的角色，或者鼓励学生自主选择自己在团队中所担当的角色。当采用直接教学法的时候，学生的学习小组不必固定不变。在展开项目合作的时候，教师可以把直接教学法中学习成绩比较优秀的学生分到不同的团队，领导新的团队成员来解决关键问题，实现资源的最佳分配。千万不要因为少数学生的参与度不够而放弃大多数，而应该给学生恰当的指导，尽管有个别学生不愿意参加合作学习，但是大部分学生是想要积极参与的，不要因为少数学生的不主动而失去整个项目的策划。教师应该鼓励学生将自己的小组建设为一个有统一目标的小团队，鼓励每一个小组为自己的团队起一个积极的团队名称。团队名称应有创意且具有积极的意义，从而引领成员的团队行动力，培养他们积极主动的学习习惯，这也是将来的一个评价量规打分点。团队建设强调目标达成，每一位学生都要明确各自的角色，共同建立完成同一个任务的意向和决心，有助于团队成员采取集体行动。团队的共同使命驱动着成员朝着同一个方向努力。团队成员也就能得到更有意义的发展。因此，教师作为指导者，最重要的任务是引导团队成员相互支持和协作，使得学生能提出更多、更精彩的解决方案，促进彼此之间思维的碰撞，形成并促进批判性思维的发展，创造出精彩的项目成果。

项目式学习启动后，将逐渐由以教师为主导转变成以学生为主体，互相督促，完成各自在团队中的任务和角色。在项目式学习中，学生承担着不同的角色，在汇报的过程中需要提出一个小组或团队清晰界定的解决方法，如我们作为什么角色来完成、创造、设计或创新？团队需要达成一个什么样的目的？哪一位成员负责项目的研究和测试？哪一位成员负责撰写项目调查和中期报告？在整个过程中，教师要教会团队成员学会倾听和分享，以及如何将自己的成果和调查结果综合到整个团队的成果报告中，为良好的团队协作打下基础。在团队协作完成项目的过程中，学生通过发现彼此的优点和缺点，比较自己的短板和他人的优势，不断反思，促进个人发展。21世纪的教师最重要的任务是教会学生如何进行团队合作。在团队发展的最初阶段，教师需要给予他们必要的支持与指导，当团队上升到一定高度的时候，成员之间可以协作得自然顺畅，完成的任务自然能达到很好的效果。为了避免团队之间相互效仿，最好的做法是要求不同的团队从不同的角度来处理教师提出的驱动性问题，这样就会得到很多独到的解决方案分析和评论方法。

每一个学生都是见多识广的数字化、专家型学习者，学生既可以借助铺天盖地的网络信息和多种应用软件来辅助他们的项目学习，也可以通过PPT或者小的MV或者抖音视频来设计、制作和展示成果。运用社交媒体提高学生的参与度和协作沟通技能，这一过程代表了未来教育的发展趋势，也有利于学生不断扩展自己的知识储备。教师应保证整个项目学习、实践和协作同步进行。学生展示的成果必须是学习内容和方法技巧相结合的成果。在团队分享和展示项目成果的同时，教师鼓励他们和其他团队讨论项目内容，展开积极的互动，在接受其他团队信息的同时，针对自己团队的学习成果和内容得到恰当的反馈，以建立理解性的对话。

项目式学习团队合作结束之后，进行全班交流。在对每一个项目学习成果进行汇报的时候，团队代表必须先介绍每一个团队成员在这个项目学习中承担的角色，给角色一个清晰的定位。在学生汇报的过程中，其他学生可以作为项目合作者或裁判，用教师制定的合作评价量表和成果评价量规对团队的成果汇报和成员的表现进行评价，鼓励合作学习中做出贡献的成员以及评价消极怠工的成员。汇报项目成果很容易陷入"报幕式交流"的误区：团队代表各讲各的，组与组之间没有任何互动，彼此割裂……解决该问题的关键是教师需要在第一个团队代表发言之前，提出清晰明确的指令要求：第一个团队代表发言之后，其他团队代表在介绍本组合作学习成果之前，先对前面团队代表的发言，或评价，或补充，或提问，或质疑……在此基础上，再介绍自己团队的合作成果。这样一来，团队与团队之间就有了互动、对话和交流。在汇报问题成果的时候，学生的表现和展示的技能与知识，能够表明他们已经达到了课程标准所规定的。为了深入地体现成果的真实性，可以在完成调查PPT之后，在学生之间展开辩论，争取利用项目式学习培养学生更深层次的学习理念或思维方式，所得的项目成果能够为整个班级做出贡献。另外，教师可以把项目成果变成档案记录下来，学生在学习中取得的进步成果可以包含PPT、视频等，绘制的优秀作品会变成每一个学生完整的学习档案，成为见证学生成长的重要参考资料。

在评价团队项目式学习成果时，教师对学生提交的成果不宜过度表扬或过度批评，可以直接而诚恳地告知学生在哪些方面做得好，哪些方面需要改进，让学生明确自己的短处与缺点，学会自我反思，鼓励学生去寻找适合自己提高成绩的最佳办法，客观评价自己在成果中扮演的角色的优劣表现，同时让学生看到教师是诚心帮助他们提高成绩的。注重客观评价，学会用观察资料和收集的数据作为学生和教师评价成果的一个依据，不能只有一个主观的评价和判断，而应该让学生学会用数据说话。

当前教育中最大的问题是学生只是信息和知识的被动接受者，而非具有终身学习精神的主动参与者。造成这一问题的责任不在于学生而在于教师。为了避免团队中出现消极怠工、不负责任的情况，可以让学生在参与团队活动之前签署团队协议，协议中要求学生必须记住承诺，一旦不积极主动地参与团队活动，其他成员可以解雇队员，被解雇的队员只能独立完成整个项目。此外，为团队表现设计感恩墙是加强团队凝聚力的一个非常好的方法。

二、建构灵活的评价量规

项目学习的评价也是我们需要考虑的一个重要的问题。如何融合教师的教学理念和教学思维，指向对学生掌握知识的评测体制，需要教师突破传统的学习形态，搭建行动的框架，构建崭新的学习模式。通过客观的评价依据，教会学生采用正确的学习方法，运用科学的调查方法来取得学习成果，确保学生了解什么是客观的评价和判断，为学生进行自我评价和同学互评制定一个切实可行的评价量规和标准。

创建灵活的评分手册来记录学生的学习技能和取得的进步。好的评价量规既可以评定学生所在的小组表现和学生个人表现，又可以在整个项目的执行过程中，为学生的表现提供一个良好的参照。在项目开始前，制定合理的团队协作量规，让学生通过量规来衡量自己的团队行为，衡量自己在团队中的贡献和倾听度，并且在整个项目过程中贯彻使用，包括小测验、同学互评和教师观察的格式化评估，定期审查学生的项目工作。在检验学生学习成果的过程中，教师应随时注意到学生的知识漏洞，也就是学习过程中学生明显的问题点。在随后的课程中，如果涉及这方面的知识，教师应该努力弥补漏洞。

为学生制定一个行为反思量规。通过这种方式督促学生在执行整个项目式学习的过程中，充分发挥自己的最大能力，记录自己取得的进步，展示自己的学习成果。详细的评估列表不仅能够让学生对自己及他人有一个充分的反馈和评估，而且教师可以在量规中加入突破性表现，评分时给予学生额外的鼓励和评定，激发学生的创新思维。

项目式学习成果展示包含制作表现类成果和解释说明类成果。其中制作表现类成果包括食谱、菜单、网站、地图、戏剧表演等，解释说明类成果包括PPT报告、书面报告、研究报告、口头报告、海报、演讲等。例如，制定三天的健康食谱属于制作表现类成果，用英语介绍小组创作的"三日青少年健康食谱"并分析菜品的营养价值属于解释说明类成果。

设计的成果质量核查标准包括以下指标：是否反映了对概念的深层理解？是否指向目标中的高阶认知策略？是否回答了驱动型问题？是否让不同类型的学生有选择性的成果？是否指向核心问题的解决和核心知识的深度理解？等等。成果展示的评分量规应强调驱动性问题的回答。

项目的成果评价也是现实社会关联度对项目的评价。在项目学习的执行过程中，学生的思考与合作的质量是最应该被关注的，完美的项目学习并非为了找到完美的解决方法，而是为了得到更好的解决办法。如果项目学习的周期太长或挑战的难度太大，可能会造成学生的学习重心不明朗，学生的项目成绩难以评估，往往会取得相反的项目效果。好的项目学习需要的标准时间是2~4周，少于一周的项目时长无法让学生深入思考、深入合作、深入解决。项目学习的主题，以不超过两个或三个为佳。从一个驱动性问题着手驱动整个项目的执行，应采用同样的标准进行评估。

最重要的是教师能够用项目向学生诠释学习和生活之间的密切联系，因此项目式学习评价必须以核心内容作为基本的准则。另外，评价量规对学生的项目指导要有针对性，鼓励学生对照量规自我反思并提出最佳表现的要求。教师应鼓励学生坚持不懈，避免学生知难而退，充分利用好这个时期的学生脾性不定的青春期特点，做一个好的导师，搭建师生间信任的桥梁。教师必须做一个严肃的教练，不能降低对学生项目要求的标准，英语项目式学习评价量规比例要适当分配，其中应该包含学生的语言表达能力、使用语言的正确率以及使用新语言的频率。团队合作得分至少占项目分数的百分之十，其中包含团队成员根据自己理解的主题概念回答相关问题的正确率、团队成员在团队协作中的职业道德和协作能力以及扎实的通用工作技能。

一年的项目学习不可能培养学生所有21世纪人才所需要的重要技能，教师需通过循序渐进的项目设计不断更新评价量规。通过提高评价量规要求增加项目难度和提高项目挑战性，使学生掌握这些必备技能。开展项目本着精而专的原则把一个项目贯穿始终，不宜多而杂，避免降低项目完成的质量。对未来人才的要求，毕竟还是以知识为驱动、以技能为主导、以结果为衡量标准，项目式学习正好符合这项要求。

英语项目式学习培养终身学习者

英语学科项目式学习主要是以学科类的关键概念或能力为载体，指向学科的本质。教师应从课程的角度来审视自己的教学，明确最终的课程目标、英语核心知识、关键概念和其他系列知识之间的关系以及它们与真实世界之间的联系等本质问题。英语项目式学习可能需要进行2~3周或更长时段的单元设计，而并非一节课的单独训练，因此教师需要有效地整合项目式学习与日常课程，有时候是学完主题知识再进行项目，有时候是项目中包含知识和技能的学习，也就是项目式学习与知识和技能的学习同步进行。

一、课程标准是英语项目式学习的指南针

在设计英语项目时，教师必须甄选有意义的课程标准，解决需要解决的问题，好的标准塑造好的项目；遵循学生理解和探究的深度，鼓励学生展示自己的发现，对自己的项目负责。虽然一个项目式学习所经历的时间可能比较久，但是学生在成长的过程中掌握的是知识和技能，他们不可能在一个学期或一个学年就取得很多的、很大的成果，我们可以制定一个全面的、长达一学期的项目，规划学生的学习过程，真正发挥它的作用和价值。在这种情形下，教师对项目式学习进行全盘思考和定位就显得尤为重要。因此，英语项目式学习要根据学生现阶段的学习时间和年级来设计，同时结合基本的课程标准中学生应该掌握的基本技能，符合该年级学生的挑战水平，规划切合实际的项目。这就要求设计项目时，确定要围绕哪几个固定的标准开展项目，通过这个项目学习学生发展了自己在课程标准中哪一方面的必需技能，哪些标准可以通过普通的教学来传授，这一阶段或者年级教学的重点是什么，项目式学习能够辅助教材给学生提供什么样的帮助，将来的成果和普通的学习项目有什么区别。结合这几

个问题去考虑，项目式学习才会更切合实际。项目式学习的重点应该是获得了什么样的学习技能，而不单纯是教材范围内一些内容和知识的掌握，所以项目开始前对课程标准进行定位至关重要。

二、教材是项目式学习的重要助理

新教材话题丰富，教材探究主题意义和表达能力的培养，每单元提供内容丰富、主题意义鲜明的两篇主课文，这种设计就是为了让学生克服困难，自主阅读获取英语世界信息的能力。单元其他结构和内容围绕单元话题探究提供支持和资源，突出思维能力训练和技能、语用知识的融合，将文化更精妙地融入话题内容，成为语言学习的重要维度，更适合操作性的表达和课外综合语用活动。新教材强调的是更多地了解信息，从教语言到教语意，注重学生依据不同文体转换不同的阅读方法的能力，让学生真正享受阅读带来的愉悦。教师需要在情境中丰富学生对主题概念的认识，让他们有机会运用主题概念，以概念为工具来解决问题，通过高阶学习带动低阶学习。项目式学习聚焦于超越知识点的概念，要突破单课时制，即用若干节课对一个概念完整理解的视角来进行设计。

教师采用单元整体设计的方法，可以在课时不变的情况下提升教学价值。项目学习以探究单元的方式呈现，把项目融入一个完整的教学单元中，以单元主题概念为起点，基于学科素养展开和主题相关的探究活动，突破单节课的束缚，能够更好地达成项目式学习的核心目标。项目式学习使学生对所学内容的记忆更长久和深刻，学生通过模块组织单元知识，可以更好地将项目式学习中学到的知识运用到其他的场景中。好的英语项目式学习需要学生创造想象，重构知识与情境的关系。一个完整的项目便是一个完整的教学单元。教师应在教材的作业中加入项目式学习内容，通过教材驱动学生的求知欲，基于凸显探究性与高阶思维的特征，包容和整合基础知识与基本技能，以帮助学生更好地掌握学习内容，体现知行合一，这样做会产生更好的教学效果，也更加务实。教师应站在学科的高度来强调知行合一，而不是让学生孤立地学习主题。有张力的项目会吸引学生思考得更多，因为项目式学习的进程是一个深度思考问题和解决批判性重构知识的过程，不断发现新知识核心观点的乐趣会推动学生继续前进。

三、教师是项目式学习的设计者和支持者

英语词汇和知识记忆作为一种低端技能，仅仅是对基础知识的识记，可以通过及时复习和背诵等方式被巩固加深，但很难锻炼学生的心智。而项目式学习可以激发学生连续性的记忆（在过去的知识和新信息之间建立联系）、情感性的记忆（与学生情感相关联的记忆）和生存记忆（帮助他们生存的内容）。

项目式学习要求教师明确自己在学生学习过程中所扮演的角色，采取不一样的教学方式。英语教师的主要角色是"facilitator"，即学生学习的促进者或推动者，不能做独霸讲台的演说家。教师不仅要引导学生学习知识内容，还要教授特定的主题知识，在教学中找到教和学之间的平衡，少讲多学，目标是让学生深度学习。所以，一个单元需要教授的课程应控制到3~5个。学生探索驱动性问题之前需要了解必要的基本信息，足以让他们回答相关问题。在项目学习的早期应让学生做更多的研究和教师采取直接教学，而在后期应该把重点放在项目的解决方案和成果展示上。课堂教学在项目中能够起到很好的作用，在课堂教学中教师要处理好和学生的互动，需要合理安排好项目的哪一部分采取直接教学法更为合适，要规划好哪些内容属于直接教学的范畴，把知识分级，确定哪些知识只需要了解，哪些知识比较重要或哪些需要持久记忆，帮助学生了解必要的真理性或基础性的知识；学生需要深入理解项目的背景知识和基础知识，其中包括项目的惯例和基本词汇，需要掌握关于项目的基本事实。教师合理定位核心知识，将本单元的核心知识和本质问题转化为驱动性问题，设计结合项目的高阶认知策略和主要的学习实践，明确学习成果和公开方式，并且设计覆盖全程的评价，这也是逆向设计的一种体现。

四、为终身学习奠基是项目式学习的终极目标

项目式学习聚焦概念性知识，过于注重语言知识点的教学带来的主要问题是学生对所学的内容没有整体观，一旦碰到具体真实的情境，学生就很难灵活运用。教师如果在教学中花费过多的时间教授知识点，留给学生高阶学习的时间相对较少，学生便不能对所学知识进行及时的思考、讨论和练习，对所学内容的理解深度也就不够了。如果单纯地把课堂看作知识点的组合讲解，那么将大大地限制学生的思维和考虑问题的视角，他们习得的知识就很难产生迁移和

创造智慧。因此，在教学中教师首先要做一个很好的语篇阅读者，在情感和欣赏中与语篇交流。信息时代的外语教育是追求信息理解的教育，核心词汇的组合是段落的基本内容，高效阅读的关键点在于理解核心词汇组合的意义，在理解意义的基础上再谈词语的使用价值，学习语言承载的信息和语言表述信息的方式。因此，新课改背景下调整变化的教学模式需要教师从讲语言词汇的教学调整到语言结构的方向，锻炼学生获取信息的阅读能力，为长远的英语学习积蓄能量。如何从讲练语言转换到教会学生获取基本的语言学习能力，让学生学会学习？在这一背景下，教师首先应该具备注重"大概念、高效率"的思想意识，只有提高自身的信息处理能力，才能够带动学生在信息突变的时代下学会获取信息、处理信息的能力。如果我们把学生的英语学习与现实世界和价值观联系起来，学生的语言学习就会更有意义，这样的教育也更有意义。教师更应该传递时代的正义之声，引导学生关注和了解世界，给学生正能量。

　　传统的背诵式的学习方式展现出的惰性知识，无益于学生在真实世界中的理解和生存。相反，学生运用更加进步的、开放的、基于项目的学习发展出了更加灵活和有用的知识，并能够在一系列不同的场景中运用这些知识。终身学习者的任务是要对大概念的意义和价值永远保持探究的精神。项目式学习聚焦概念性知识，学生能运用这个概念作为分析新情境的工具，概念性知识超越事实层面指向思维，整合各种事实性知识。缺乏概念的整合，事实性知识始终处在零散的水平上，概念可以让学生将事实性知识作为材料和内容进行抽象性的思考。

　　在设计英语项目之前，教师要明确程序性问题和概念性问题的区别。斯坦福大学数学教育专业教授乔·博勒在研究中区分了国家考试中的程序性问题和概念性问题：程序性问题是通过回忆规则方法和公式来解答的问题，概念性问题是仅凭以上信息难以解决的问题，是需要思考创造性应用和对学科规则进行整合的问题。长期以来，人们把帮助学生获取程序性知识看作教育的最终目标，因为程序性知识的运用是外显的，事实上，要真正理解和应用程序性知识是不能脱离概念性知识的。在设计项目式学习时，教师需要挖掘程序性知识背后的概念，这些项目式学习会促进学生获得程序性知识。教师帮助学生理解程序性知识背后所蕴藏的中心概念，就会将这种理解迁移到其他情境中进行创造。项目式学习不仅可以有效地促进程序性知识的整合，促进学生对事实性知识的细节理解，更有利于知识的传递，因为它指向了概念的深层次理解和迁移，不排斥对事实性和技能性知识的学习。围绕主题的事实性知识是学生发展思维的基础和内容，项目式学习就像一杯鸡尾酒，协调了不同类型的知识。概念是项目式学习的直接知识目标，是骨架和灵魂。而事实性知识和程序性知识是项目式学习的骨肉，丰富了学生对概念的理解。

英语项目式学习深化主题意义的实施策略

随着普通高中课程改革的不断深化，《普通高中英语课程标准（2017年版）》进一步精选了学科内容，重视以学科大概念为核心，使课程内容结构化，以主题为引领，使课程内容情境化，促进学科核心素养的落实。主题语境在英语课程中的使用进一步强调了学得和习得的辩证统一，强调学生在语言习得过程中围绕主题范围和主题语境展开语言学习，通过开展相关主题活动深入探究语篇背后的主题意义，理解主题概念，发展学生思维水平和提高语言学习成效。

一、高中英语学科核心素养深化探究主题意义

主题意义的探究成为目前高中英语教与学的核心任务，这一核心任务的转变要求教师在教学设计中注重创设与主题意义密切相关的语境，使特定的主题和学生的生活密切关联，鼓励学生深度学习语言知识，探究语言和文化的深刻内涵，基于已有的主题经验，建构新的知识结构，深化对主题的理解。与此同时，要求发展英语学科的核心素养，体现学科育人功能的课程理念，强调学生语言能力、文化意识、思维品质和学习能力的综合培养。指向学科核心素养实践学习活动观的英语课程倡导教师设计具有综合性、关联性和实践性特点的英语主题学习活动，强调提高学生的语言迁移创新和运用能力。一线教师如何围绕单元主题教学培养学生社会责任感和创新精神也成为教学中不可或缺的完整部分。

目前，普通高中存在一个普遍性的问题：当我们把知识课程排得满满当当的时候，再用另外一套系统来重新确立学生的学习目标，培养学生的核心素养是有一定难度的。如何契合学生固有的课本内容来深化单元主题教学，选择跟进学科发展的课程实施过程？如何依据主题语境探求单元核心概念，设计具有

真实性且有意义的学习情境？如何促进学生思考学习内容在真实世界中的意义和作用，调动已有的基于该主题的经验，深化对该主题的理解和认识？如何激发学生深度学习，理解核心概念的意义和价值，融合英语知识和能力素养，实现知行合一？当代发现学习的主要倡导者布鲁纳认为："发现不限于那种寻求人类尚未知晓之事物的行为，正确地说，发现包括用自己的头脑亲自获得知识的一切形式。"因此，仅仅把知识教给学生而缺乏教学策略的教育早已滞后，教育应该在促进发展学生智力的过程中，激发潜在的学生内部动机，回归生活世界，引发学生基于现有的社会和文化大胆创新，发现并创造自身的内部文化，实现自我价值的小飞跃。

二、项目式学习围绕主题单元创生价值愿景

项目式学习在一开始就用具有挑战性的问题创造高阶思维的情境，激发学生学习的内动力，明确对学生提出带有问题解决、创造、系统推理分析等高阶认知策略的项目任务，让学生在由强大的驱动性问题所产生的内动力中创造一个真实的作品。合理的驱动性问题需要有多个子问题来构建项目的各个阶段，同时子问题作为对驱动性问题的补充，在项目式学习的过程中启发学生的思考并复习所学主题概念。

项目式学习以半结构化的问题为中心，不仅是为了巩固学生习得的书面知识，而且通过引领学生执行项目，产生出对社区有价值的成果。项目式学习能够更好地激发学生的学习兴趣，鼓励学生关注世界发展及21世纪必备技能，在团结协作的过程中深入学习，和同组队友交流学习所得，并分享他们的观点。在和其他小组进行项目分享成果的过程中，团队之间进行有意义的互动，通过同学评价、教师评价、自我评价等多种评价方式，持续反思自己在项目式学习中知识的增长和成果的价值。项目式学习挑战是让学生和整个社区或世界息息相关。这个挑战能够引领学生在完成项目的过程中进行分析、批评、权衡、解决和选择。在项目式学习过程中，学生需要利用多种媒介挖掘信息，坚持到底。学生通过努力思考、探究知识、发掘证据、分析实施，提高表现力，构建相应的知识体系，同时在项目学习的过程中培养学生的创造力。学生在应对项目式学习挑战的过程中不仅可以学到相关的课程标准，而且能够运用专业的语言和学科词汇来展示自己的解决方案，展示对于该项目的理解思路。在整个项

目的执行过程中，不是单纯地回答对或错的问题或是与否的问题，而是需要经历发现学习和掌握知识的过程。挑战难度适中，并且很有意义。

教材单元中的事实性知识是学生发展思维的基础和内容，对文本语篇的深层次理解和迁移离不开对事实性知识和技能性知识的学习。但是教师在课时不变的情况下，仅仅进行事实性知识点教学，无疑会使学生对所学的内容缺乏整体观，今后面临具体真实的情境时很难实现语言的正迁移。因此，作为学习设计者的教师必须突破单节课的束缚，探究单元主题语境和核心概念，基于项目式学习整体设计单元教学。利用项目式学习延伸教材主题，驱动学生深入研读语篇、表达观点、展示成果、分享信息、反思自身等一系列应用实践与迁移创新活动，加深对单元事实性知识的细节掌握，增进对主题和核心概念的理解，站在学科的高度来强调知行合一，避免脱离主题意义或碎片化的理解，起到了很好的"聚沙成塔"的作用。

基于项目式学习探索单元核心概念，整体设计高中英语单元主题教学，更好地促进了学生获得事实性知识，理解事实性知识背后所蕴含的中心概念，进而掌握核心知识和核心概念，实现从低阶学习到高阶学习的知识迁移，发展学生高阶认知策略的问题解决和创建（创造一个新的文本或方案）等能力，引领学生终身学习。

三、依据项目式学习深化主题教学策略

英语课程内容的三大主题语境是"人与自我""人与社会"和"人与自然"，基于此，以2019年版外语教学与研究出版社（简称"外研社"）高中英语新教材为例，选取三个主题，探讨如何分别基于契合时代特征的项目式学习助推三类主题单元深度学习，进而逆向设计单元整体教学，引领学生语言能力、文化艺术、思维品质和学习能力的融合发展。

外研社高一英语必修第三册第二单元的主题语境是"人与自我"。单元标题是*Making a Difference*（小善举，大改变），本单元通过讲述几位人物的突出事迹和他们从事的公益事业，丰富学生对优秀品行的认识，引导学生深入了解世界上普通人乐于助人的高尚品格和善行的力量，最终使学生形成积极参与志愿服务活动的态度。根据普通高中英语课程主题语境内容的要求，梳理本单元主题语境、主题群和主题语境内容要求，总结本单元核心概念是"以优秀品行

与社会责任感改变世界"（见表1）。

表1　普通高中英语课程主题语境内容要求（*Making a Difference*）

主题语境		人与自我
单元标题		*Making a Difference*（小善举，大改变）
语篇	大语篇	The Well That Changed the Word（改变世界的一口井） The Power of Good（善意的强大）
	小语篇	南丁·格尔等几位优秀人物简介； 志愿者填报表； 屠呦呦的人物传记
主题群		做人与做事
主题语境内容要求		优秀品行、正确的人生态度、公民义务与社会责任
单元核心概念		以优秀品行与社会责任感改变世界

　　单元核心概念的归纳直接影响了项目式学习的关键——驱动性问题。好的驱动性问题必须合理嵌入学生感兴趣的情境，既具时代特征又能引发学生重组知识概念和基本问题，运用概念来整合思维进行迁移。

　　外研社高一英语必修第一册第五单元的主题语境是"人与自然"，单元标题是*Into the Wild*（深入自然），首先厘清单元主题语境是"人与自然"—主题群—主题语境内容要求。由此归纳出本单元核心概念是"维护人与动物之间的和谐关系"（见表2）。

表2　普通高中英语课程主题语境内容要求（*Into the Wild*）

主题语境		人与自然
单元标题		*Into the Wild*（深入自然）
语篇	大语篇	The Monarch's Journey（黑脉金斑蝶的迁徙） An Encounter with Nature（一次惊心动魄的拍摄历程）
	小语篇	英国人饲养宠物； 中国熊猫出访荷兰； 丹顶鹤的基本信息
主题群		自然生态
主题语境内容要求		人与环境、人与动植物
单元核心概念		维护人与动物之间的和谐关系

本单元语言目标是帮助学生在不同的语境下了解动物的习性和特征，完成语言输入，恰当使用定语从句描述动物，达到有效输出。教师必须高屋建瓴，突破单课时制，有机整合课程内容六要素，用完整理解的视角对"维护人与动物之间的和谐关系"这个概念进行设计。一个完整的项目便是一个完整的教学单元，能充分诠释学习和生活之间的密切联系。结合本地居民与国家二级保护动物"大天鹅"和谐关系的成功案例开发本单元项目学习，引领学生关联身边的自然环境，关注濒危动物，并付诸实践。大天鹅虽然是一种濒危动物，但已经连续十年在冬季入驻威海荣成，十年前仅仅十几只大天鹅栖息在天鹅湖，如今至少数千只大天鹅在冬季造访威海的十多个地方，地方政府对天鹅湖周边区域的环境进行了严格的海岸线修复。此外，考虑到大叶藻是大天鹅主要的食物来源，2017年9月，我国首次大叶藻规模化增殖在威海荣成天鹅湖海域进行，"天鹅村"烟墩角已然成为享誉国内外的"最美渔村"。当地居民在人与动物关系方面为学生提供了很好的本单元项目式学习范例，学习项目确立为"Attract more swans to Weihai"（吸引更多大天鹅迁徙到威海），提出以下驱动性问题：Suppose you are an ornithologist, present elegant pictures of swans and appeal to citizens how to attract more swans to Weihai.（假如你是一位鸟类研究专家，请展示在威海拍摄的美丽的天鹅照片，倡议市民采取措施吸引更多的大天鹅来威海安家。）这里也给学生提供号称"世界上最可爱的城堡"——英国肯特郡的利兹城堡的英文网站*https*：//*www.leeds-castle.com*/作为参考，让学生体会百年城堡与动物和谐共处的成功范例。通过拓宽学生学习渠道，引领学生充分利用信息技术，结合信息化环境，多渠道获取英语学习资源，调控和管理自己的项目式学习过程的学习行为，实现动物知识和思维能力的迁移，思考如何处理好人与动物的关系，形成爱护动物、尊重动物、尊重自然、保护生态的正确价值观，促进终身学习能力的发展。

该驱动性问题包含以下子问题：

（1）Research information about swans and make notes about its habitat, its population, its distinctive features and the reason why it's endangered.（调查关于大天鹅的栖息地、数量、外表特征、习性和濒危原因。）

（2）What are the geographical features of Weihai and what actions have been taken by the local people to protect it?（目前威海大天鹅栖息地有什么特点？威

海市市民对栖息地采取了什么保护措施？）

（3）What actions need to be taken or insisted on ensuring more arrivals of swans？（市民今后还应该或者持续做些什么才能够吸引到更多的大天鹅来此地栖息？）

该学习项目历时不必很久，学生耗时一周即可完成。如果学生感兴趣，持续开展一个月可以让调查更丰富，研究更透彻。虽然学生不可能在一周或一个月就取得很大的成果，但是完成项目的过程丰富了学生对"人与自然"这一主题语境的认识。他们以核心概念"维护人与动物之间的和谐关系"为工具来解决濒危动物面临的社会现实问题，吸引更多的天鹅来本地安家。在这个项目式学习中，学生在探究驱动性问题的过程中担当了学习的主导者，学习是围绕以学生为中心的教学法建构的，鸟类专家的开放式的报告要求英语语言学习并不单纯局限于课堂，学生通过合作、协商、上网查询丰富的多媒体资源与更广阔的思想和世界紧密相连；通过探究性实践进行语言的深度学习，在审美性实践中展示美丽的天鹅图片，用PPT或视频的制作体验技术性实践，促使学生在真实情境中通过语言学习，用高阶学习带动低阶学习，发展高阶认知策略中的调研、创建（创造一个新的文本或方案）和系统分析等策略，创造建构语言实现正向迁移，促进知识的传递。

外研社高一英语必修第二册第一单元的主题语境是"人与社会"，单元标题一语双关——*Food for Thought*（值得深思），语篇内容帮助学生在饮食文化的碰撞中启发学生深入思考，探究单元核心概念"多元饮食文化和健康的饮食习惯"（见表3）。

表3　普通高中英语课程主题语境内容要求（*Food for Thought*）

主题语境	人与社会	
单元标题	*Food for Thought*（值得深思）	
语篇	大语篇	A Child of Two Cuisines（享受两国美食的孩子） Cold Truths（冰箱真相）
	小语篇	世界各国代表性美食； 世界各地的餐桌礼仪
主题群	社会与文化	
主题语境内容要求	不同民族文化习俗	
单元核心概念	多元饮食文化和健康的饮食习惯	

本单元学习项目的驱动性问题设定为As a teenager, your body is going through many physical changes, which needs to be supported by a healthy, balanced diet. Compare eastern and western diets, design a healthy week menu and post your design to the school cafeteria. （作为身体处于发育关键期的青少年，你的均衡健康饮食至关重要。比较东西方的饮食，请用英语设计一份健康的一周饮食菜谱，发布给学校餐厅。）

用传统的、背诵式的学习方式发展出的惰性知识，对于学生在真实世界中的理解是没有意义的。英语学习为学生开启了一扇了解多元文化之窗，认识并关注周边的社会和世界，通过围绕该单元主题的项目式学习，跨学科整合生物、化学和英语知识，在语言学习的意义上扩展了对科学学科的理解，丰富了生活经验。学生对中外饮食文化差异有了更多的理解与思考，在好奇心的驱动下学生也可能探究产生中外饮食异同的历史文化原因，充分领悟世界文化的多样性和丰富性。把聚焦于超越知识点的核心概念——"健康饮食习惯"作为单元项目式学习的起点，有机联系新旧语言知识，丰富学生对多元饮食文化的认知，引导学生深入思考健康饮食和生活方式的关系。学生在基于项目式学习的基础之上深度学习主题意义的过程中，除了要掌握教材范围关于饮食文化事实性知识的细节之外，还要挖掘事实性知识背后的概念性知识，并且将这种理解迁移到自身生活情境中和同伴相互交流，进行合作探究、迁移创新并传递信息，在交流、沟通中相互影响，反思和改进自己的饮食习惯，实现知识与思维能力的迁移，增进合理饮食和健康生活的意识。

若要完成该项目驱动性问题，需对单元主题"多元饮食文化和健康的饮食习惯"这一核心概念进行有效延伸和扩展，基于学科素养总体提升教学价值。学生需要通过调查得到以下子问题的答案：

（1）What are the nutritional requirements for a healthy diet（protein, fat, carbohydrate, etc.）？（一份健康饮食中蛋白质、脂肪和碳水化合物的搭配比例应该是多少？）

（2）What are the main sources of nutrients（fruit and vegetables for fibre, dairy products for protein; meat for protein and fat, etc.）［这些营养成分的主要食物来源有哪些？（比如，从水果和蔬菜中获得纤维素，从奶制品中获得蛋白质，从肉类中获得蛋白质和脂肪）］

（3）Compare the eastern and western diets. Decide which diet is more healthy and state your reasons. （比较东西方饮食，判断那种饮食更健康。陈述理由。）

（4）What's the most healthy diet like? （什么样的健康饮食习惯是最佳的？）

四、结语

英语学习单元是承载主题意义的基本单位。教材是项目式学习的有力支柱。脱离单元主题的项目式学习是不可取的。设计真实性的且有意义的项目是高中英语项目式学习的关键。在不看重分数，而看重创新与变革的未来的时代下，好的项目式学习应基于学生现有的饮食生活经验、学习兴趣和语言水平展开，符合高中学生阶段有效的英语学习实践和相应的语言能力与思维水平，结合课程标准中学生应该掌握的听说读写的语言基本技能；好的项目学习赋予学生真实的挑战，引发学生积极主动参与，鼓励学生寻求更好的解决方法，并为社区和城市创造解答期待的问题，激发学生的社会责任感，实现自我价值；好的项目式学习应该激发学生的主动学习和探究精神，要求教师突破传统的学习形态，融合教学理念和教学思维，对课程标准进行充分的解读，从学科概念中理解课程标准中的核心能力和关键问题，整体构造教学模块，合理搭建每个单元项目学习的总体任务和核心概念，分解小任务，建构崭新的学习模式，引发学生思考学习内容在真实世界中的意义和作用。

第二章

2

以评价先于设计引领主题单元教学目标

主题教学目标与评价的一致性

一、如何评估无意义和有意义学习

教育的两个重要目标是促进保持和促进迁移（迁移的出现是有意义学习的标志）。保持是指事后将教学时的材料原封不动地记住的能力。迁移是指运用所学知识去解决新问题、回答新问题或促进新材料学习的能力（Mayer & Wittrock，1996）。简而言之，保持需要学生记住所学的知识，而迁移不仅需要学生记住，还需要学生理解和运用所学习的知识。

有很多学生在学习主题单元单词和短语后及时进行背诵记忆。当教师对学生进行听写或抽背默写等活动时，很多学生轻松应对；但如果让学生回忆与词汇或课文相关内容，有一部分学生能回忆起来的关键词汇寥寥无几。例如，当教师要求学生围绕高中第一周的学习生活写出关键短语时，很少有学生能够写出本单元单词总数及半数以上的关键词汇或短语。当教师要求学生用关键词语造句子的时候，能够运用所学关键词语造出正确漂亮的句子的学生更少。由此可见，很多学生具有围绕主题的相关词汇知识，但涉及将词汇知识有效迁移到新的情境中时，却不能运用知识去解决问题，这意味着他们机械地学习到了教师所教授的词汇和短语，但没有真正地理解与主题概念相关联的单词和短语。这种不能在问题出现时帮助学生成功解决问题的学习实质上是无意义的学习。何种学习方式才称为有意义的学习？建构主义学习（有意义学习）被认为是一个重要的教育目的。它要求教学超越单纯呈现事实性知识评估任务，需要学生超越单纯回忆或再认事实性知识。

二、依据布卢姆认知过程评估英语学习

布卢姆的认知过程维度包含六个类目，其中与保持最紧密相关的是第一类——记忆，其他五类（理解、运用、分析、评价和创造）逐渐增加了与迁移的关联性。这六个类目又包含了十九种认知过程，这十九种认知过程合起来界定了六个类目的宽度和边界（见表1）。

表1 认知过程维度

类目与认知过程	替代名词
1.记忆——从长时记忆中提取信息	
1.1再认 1.2回忆	识别 提取
2.理解——从口头、书面和图画传播的教学信息中建构意义	
2.1解释 2.2举例 2.3分类 2.4概要 2.5推论 2.6比较 2.7说明	澄清、释义、描述、转换 例示、具体化 类目化、归属 抽象、概括 结论、外推、内推、预测 对照、匹配、映射 构建、建模
3.运用——在给定的情境中执行或使用某程序	
3.1执行 3.2实施	贯彻 使用
4.分析——把材料分解为其组成部分并确定各组成部分之间如何相互联系以形成总体结构或达到目的	
4.1区分 4.2组织 4.3归属	辨别、区别、集中、选择 发现、一致性、整合、列提纲、结构化 解构
5.评价——依据标准做出判断	
5.1核查 5.2评判	协调、探测、监测、检测 判断
6.创造——将要素加以组合，以形成一致的或功能性的整体，将要素重新组织成为新的模式或结构	

类目与认知过程	替代名词
6.1生成	假设
6.2计划	设计
6.3产生	建构

1. 评估记忆认知过程

评估英语学习中的记忆类别需要教师为学生提供再认或回忆的任务。例如，学生学会了本单元的60个词汇，那么评估记忆认知过程可以用检测单词记忆包括教师提供汉语释义提示学生写下英语词汇，或者为学生提供英语词汇写下相对应的汉语释义（回忆），或者用英语短语解释相应的英语词汇（再认），如Match the words or expressions with the related meanings（把单词或词组与相关的意思搭配起来）。这种练习已经很少在新教材中出现，更多地适用于教师对学生的记忆检测。再如，Complete the notes with expressions from the passage（用文章的短语填空）（见表2）.

表2　Complete the notes with expressions from "The Real Father Christmas"

Title of the book	_____
Author	_____
Background information	Every Christmas，Tolkien's children would get an envelop with ___ _____．Inside it，they would find _____．Of course，the letters were written by Tolkien
Contents of the letters	They tell wonderful stories about_____ ...
	In another letter，Father Christmas complained about _____ with the toys

这种强调单词拼写知识或者匹配含义等细节知识的评估检测，就知识的复杂程度而言相对简单，而且这种事实性知识信息是学生未来运用知识迁移再造的必要基础。例如，Read the animal fact file of the red crowned crane. Then choose the animal you want to write about and make notes（见表3）.要求学生在读完丹顶鹤的动物资料后完善学生选定的动物档案，这就需要超越记忆以上的其他认知过程了，要求学生运用所学知识去解决新的问题。

表3 Read the animal fact file of the red crowned crane. Then choose the animal you want to write about and make notes

Animal	
Appearance	
Habitat	
Migration	
Diet	
Other information	

评估学生的再认任务有以下两种形式：针对英文语篇课文原句挖空关键词语或词汇，给予学生A、B、C、D四个选项，让学生必须从四个选项中选择一个正确答案来完成，使句子完整。学生在被迫选择的再认任务中检测记忆中的片段信息，判断正误及修改语篇原有句子中的相关信息，如read the passage and correct five factual mistakes（阅读文章并更正五处事实性的错误）；让学生对事实性知识做出正误的判断，如True or false questions；回答简单的事实性知识问题：What's the origin of Gong Bao Chicken（宫保鸡丁最初是什么）？Think of the relationships between humans and animals in the passage and complete the notes.（想一想文本中人类和动物的关系并完成以下表格）（见表4）。此类问题是单一的孤立问题，学生只需要回忆文本知识就可以简单解答。

表4 Think of the relationships between humans and animals in the passage and complete the notes

Time	
Place	
Main characters	
Relationship between characters	
Main plot	

2. 评估理解认知过程

当学生对学习的事实性知识进行迁移时，需要重点关注理解创造的其他五类认知过程。没有理解，自然缺乏创造力。学生在学习的语篇信息中，通过理解建构知识，这个类目的认知过程包括解释、举例、分类、概要、推论、比较和说明。

在英语学习中，解释的替代语是语篇翻译、英英释义以及从英语语言到图形的转换。此类的问题包括：Have you ever read any of Tolkien's books or seen any of the films based on them? （你读过或看过Tolkein著作的书或者是根据这些书所拍成的电影吗？）What else do you know about Tolkien? 要求学生将某些特殊事物或概念按照某个类目进行分类。分类既适合于具体的事例又适合于概念性知识的表征。分类的替代语是类目化和归属。例如，Read the English translations of road signs or restaurant menus. Look for mistranslations and make notes in the table. （读路标或菜单的英文翻译寻找错误的翻译，并在表中做记录。）（见表5）

表5　Read the English translations of road signs or restaurant menus. Look for mistranslations and make notes in the table

Grammar mistakes	
Spelling mistakes	
Wrong choice of words	
Word for word translation	
Other	

在英语教学中简单的评估概要方式是让学生阅读语篇，从给出的四个标题中选择一个合适的标题，并选出或总结每段的段落大意或语篇的主旨。例如，Choose the sentence that best explains the title of the passage. ①The real Father Christmas was actually Tolkien himself. ②Tolkien is a real Father Christmas because he wrote letters using the name "Father Christmas". ③Tolkien's love and care for his children made him very like Father Christmas.推论是基于呈现的信息推导出一个模式的问题，或者根据上下文中提供的可以推导的或预期的情境。比较涉及查明两个以上的客体、事件、观念、问题或情境之间的相似性。在英语教学中推论和比较很多情况下被用于语法的学习中，即从教师给予的例子中推论语法用法。接下来的定语从句语法学习中既包含推论又包含比较（见表6）。在阅读文章或听力理解语篇之后，完成因纽特人生活中有关住房、食物、极夜、旅游等的优势和劣势的对比表格（见表7），说明在英语教学中可以用来解释语篇中人物或事物之间的相互关系，如阅读文章*Longji Rice Terraces*之后，Find out the working principal of the *Longji Rice Terraces*.Then use a picture to retell it in your own words.（找出龙脊梯田的工作原理，利用以下水循环图片，用自己的话语进行复述。）

表6　Attributive clauses

Look at the sentences（a & b）from the reading passage and answer the questions.

1.What do "which" and "whom" refer to in each sentence?

2.Why do we use prepositions before "which" and "whom"?

3.In sentence（a）, can we replace "in which" with "where" without changing the meaning?

Compare them（a & b）with the following sentences（c & d）and answer the questions.

4.What is the difference between the two groups of sentences?

5.Why does the author choose to use sentences（a）and（b）in the reading passage?

a.they could increase the areas in which they could grow rice.

b.these terraces still mean a lot to the local people for whom traditions hold much value

c.they could increase the areas. They could grow crops in these areas.

d.these terraces still mean a lot to the local people. Traditions hold much value for them

表7　Complete the following table with proper words

Inuit life	Advantages	Disadvantages
Housing	Igloos are quite warm inside and it's easy to find the 1_____.	Igloos can only 2_____ for around 50 days.
Food	Eating a lot of fish and meat keeps our bodies strong so that we can 3_____.	The 4_____ makes it difficult for us to grow enough vegetables and fruit.
Polar night	It gives us more 5_____ to be with our family and friends.	Life can be 6_____ sometimes.
Tourism	It brings more money and 7_____.	Our environment is being 8_____.

3. 评估运用认知过程

运用在英语教学中十分容易被理解，即使用语言技巧和语言知识完成相关的语言习题或解决问题；运用包含执行与实施，在执行中教师给予学生相对熟悉的任务，既可以给予学生充分的提示，让学生总结语篇的文章结构，如必修2第三单元第28页Complete the chart with expressions from the passage.（用文章中的短语，完成下列文章结构填空），也可以运用一套熟悉的语言表达方式完成崭新情境下的另外一个类似的语言表达任务。在此过程中，学生需要理解新的语言情境，选择可利用的主题语言范围去实现新的语言任务。这一项实施认知策略通常与理解创造等其他认知过程一起运用。例如，在学习完丹顶鹤的动物资料语篇之后，学生在充分研读语篇，回答关于What、Why、How等关于丹顶鹤的外貌栖息地、迁徙方式、食物来源等相关问题后，再重新选择另外一个濒危动物来围绕外貌、栖息地、迁徙方式、饮食以及其他信息展开描述，进行评估。在此过程中，用丹顶鹤语篇中的关键短语或句型进行英文描述与表达，实现主题语言的正迁移。与这项评价相应的教学目标可以设定为：Write a short description of a different endangered species.

4. 评估分析认知过程

分析技能是学生语篇理解的延伸，为学生接下来的创造做准备。有目的地培养学生将作者态度和观点等与其知识性的陈述相互联系，理解隐含在语篇背后的意义；正确区分Facts（事实性知识）和Opinions（观点），理解作者的意图；找出相关证据说明语篇的主旨大意以及作者的观点等。这种认知策略无疑对学生的高考阅读理解和作文是非常有利的。例如，Choose the author's purpose in writing this passage.（选出作者写这篇文章的目的。）Listen to the conversation and choose the feelings that the speakers express.（听对话，并且选出说话者想要表达的感情。）Read the sentences from the passage and decide if they are facts（F）or opinions（O）.①Eating out is a good choice. It has nothing to do with the loss of traditions. ②What or where we eat on Spring Festival Eve really doesn't matter. ③It just won't feel like Spring Festival having dinner out. ④I'd get under my mother's feet in the kitchen, watching her making dumplings. ⑤She'd put tokens in some dumplings. 组织策略涉及如何将围绕主题的关键词汇或短语组织成为一篇系统性的文章或作文。学生需要判定哪些词组是围绕主题概念的关键词组，基于教师提供的主题语境或问题描述，组织一篇围绕运用主题相关联的文章。在此过程中，教师可以要求学生先依据主题概念起草文章的提纲，了解语篇的逻辑顺序是怎样的。然后要求学生思考在论述的段落中分别采取哪些事实性知识来支持个人观点和主题论述构成论据，这些事实性知识涉及哪些关键短语或词汇，如何更好地表述自己对于这一主题概念的观点或意图，如何在语篇中表述自己的偏好价值，等等。归属策略在英语教学中主要的评估样例是阅读语篇信息，确定作者的潜在观点或意图。教师向学生呈现书面材料，并请学生建构或者选择作者的观点和意图的描述。例如，Choose the author's purpose in writing the passage. ①To talk about the history of football. ②To Express his/her love of football. ③To explain why football is such a popular game. ④To prove that he/she is a professional football fan.

课堂教学中的每一项活动必定是带有评估学生达到某种认知策略的目的，如此看来，依据评价方式和目的来制定教学目标是最为科学的、合理的。

5. 评估评价认知过程

评价是指依据标准对所学的知识做出价值判断，它包括核查与评判。核查可以确定学习过程是否具有内在一致性，如Now read the note from the original ending and find out what actually happened. 评判即判断，是指在阅读完文章之后，要求学生比对语篇中的描述对教师给出的总结或细节进行判断。例如，Do you think that Jimmy did the right thing? Why or why not?

> Bob, I was at the appointed place on time. When you struck the match to light your cigar I saw it was the face of the man wanted in Chicago. Somehow I couldn't do it myself, so I went around and got a plain clothes man to do the job.
>
> Jimmy

6. 评估创造认知过程

创造的过程包含生成、计划与产生，其过程必须是基于学生已有的知识经验和生活经验。英语教学中的rewrite a summary和改写原文都可以称为创造或创作，即学生能够将学习过的语言材料组合成一个整体并有组织、有条理地表述或呈现，形成的创作文章合并了原有知识和新学的知识。这里要注意的是，单纯对于语篇作者观点的回忆默写或解释语篇的语句类的写作不包含实际的创作，创作已经超越了语言文字表面上的深刻理解，当这种深刻理解转化成文字且能够帮助学生表达自己思想上的领悟时就蕴含了创造认知过程。创作的过程是始于发散思维、经历聚合思维的认知过程，最终实际解答或解决一个问题。在解答问题的过程中，学生可以分阶段完成子目标或者将一个大任务分解为依次递进的多个小任务，这就需要教师在进行教学设计的时候，跳过计划的小目标，用创造的最后阶段的目标来陈述教学大目标，并引领学生依次完成小目标。在这种情况下，教学计划暗含在大目标之中，在学生产出实际创造成果的过程中有梯度地执行完成小目标。

三、认知过程维度互为倚靠

在分析了布卢姆认知过程在英语教学中出现的形式之后，我们可以看出，认知过程在完成某一个学习任务的时候是彼此协调、不可分离的，完成任务的过程可能涉及若干个认知过程的协调运用。例如，以下内容涉及的续写任务：Think of a possible ending to after twenty years and find evidence to support your ideas. Use the following questions to help you. ①Did Jamie come to meet his friend? ②What has Jimmy experienced over the past twenty years? ③What might happen between the policeman and the man?

学生完成这项任务需要认知策略中的六步：解释（理解语篇中的每一个角色和语句）、回忆（提取语篇中的细节知识或事实性知识）、组织（对问题中的关键信息重组建构）、计划（拟定一个写作提纲，并决定文章中应包含什么内容，如何写）、产生（按照拟定的提纲书写结局，产生及创造一篇书面表达文本）、评判（保证续写的文章结尾有意义）。

上述探讨的六个认知策略，包含十九个认知过程，前两个认知过程旨在记忆，有助于促进学生学习的保持，其他十七个认知过程超越记忆，有助于促进学生学习的迁移。因此，当英语教学目标旨在促进英语知识的迁移时，评估的任务应该超越前两个认知过程，目标设定应该包含理解、分析、运用、评价和创造等相联系并促进学习保持的认知过程，拓宽学生的学习评估范围。

在评估学生认知策略时教师还要考虑两种评估形式：形成性评估与总结性评估。形成性评估注重的是在学习发生时收集与学习有关的信息，从而便于改进正在进行中的教学，达到提高学习质量或数量的目的。相比而言，总结性评估通常需达到给学生评定成绩的目的，注重的是收集已发生的学习的信息。因此，形成性评估主要用于改进学生的学习，总结性评估主要用于给学生评定成绩。课堂任务和家庭作业常常用在形成性评估中，更为正规的测试则用作总结性评估的手段。

四、依据布卢姆认知过程确定教学目标的几点建议

在确定教学目标之前，我们需要说明每一个主题单元都包含四类知识：事实性知识、概念性知识、程序性知识和反省认知知识。英语教学中，事实性知识就是大量的词汇和语言知识点；概念性知识是围绕主题概念相关联的表述方式和形式；程序性知识既可以看作对语法规则的理解，也可以看作一篇文章的建构框架；反省认知知识即学生可以知道在何种情境下，选用哪种文本模式来表述自己的观点或完成相应的任务。

五、确立教学目标时如何区分具象和抽象的教学目标

抽象和具象的区别，就像你画了一幅画，拿给朋友看，朋友说"真像啊"，这就是所谓的具象。而抽象则是你把这幅画拿给朋友看后，朋友说"你画的这是什么呀？"画中表达了你的感情或思想，那么我们把它称为一幅抽象画。我们经常需要锻炼学生的抽象思维，提高他们的认知维度。我们可以把教学目标划分为两大类：第一类是具象的教学目标，即看到这个教学目标，马上就会想到哪些教学活动可以满足这个教学目标，非常直观；第二类是抽象的教学目标，这个教学目标可以看作单元主题的延展和深化，它并不是某一项教学活动就能够直接满足或达到的，它需要众多教学活动的积累和蓄势待发。

关于单元教学目标的设定，教授与评估教学目标的最有效方法是把它们放在一个教育教学单元之内，而不是孤立地对待每一个教学目标。基于主题单元的关注来确定教学目标比对于一节课的关注来说有更多的优点：

（1）主题单元学习能够为学生提供充分完整的学习时间，这些时间能够帮助学生看清语篇材料、学习活动和主题之间的联系。也就是说，主题单元能帮助学生立足于整体单元，从而全面地看待主题概念。

（2）主题单元有充足的学习时间，使学生的学习和教师的教学具有更大的灵活性。学生拥有更多、更长的时间去理解、分析语篇，形成针对主题概念的更加完美的创造成果。

为了使教学目标更有针对性，教师在设计目标后，想象学生达成目标的行为表现是怎样的，什么样的表现能够代表目标达成了。把相对宽泛的目标压缩成更为具体的目标，以促成目标更好地达成。

每一份主题单元的设计都可以被分为以下三个主要的部分：

（1）目标。

（2）教学活动。

（3）评价。

每一个部分都有一系列问题来指导教师对主题单元教学案例进行准备。

对于课堂情境的描述和目标的成分，教师应考虑以下问题：

（1）主题单元目标是什么？它们怎么确定？

（2）主题单元学习应怎样适合更大的教学计划？

（3）教师和学生可以利用什么样的资源和资料丰富主题单元的学习？

（4）每一个单元的分配时间是多少？教师是基于什么来决定单元的临时长度？

对于教学活动，教师应考虑以下问题：

（1）怎样把主题单元介绍给学生？

（2）在主题单元里学生参与什么样的项目活动？为什么选择这样的活动？

（3）课堂中教师给学生分配了什么样的学习任务？为什么选择这些任务？

（4）怎样指导学生积极参与课堂学习任务和主题项目学习？

对于评价成分，教师应考虑以下问题：

（1）怎样确定学生是否在围绕主题意义学习？怎样评价学生知识的掌握程度？

（2）是否采用评分规则、评分要点、评分指导和评分标准来评价学生的主题单元学习质量？

（3）如何促进学生反思他们在这一主题单元上学得怎么样？

认识逆向教学设计

一、认识逆向教学设计

1999年，美国课程与教学领域的专家Grant Wiggins和Jay McTighe在反思传统教学设计不足的基础上，提出了一种新的教学设计模式——逆向教学设计（Backward Design），即从终点——想要的结果（目标或标准）开始，根据标准所要求的学习证据或表现和用于协助学生学习的教学活动形成教学。其过程主要由三个阶段组成，即确定预期结果（设计学习目标）、确定可接受证据（设计成果标准和评价方案）、设计学习体验和活动（设计学习活动）。

逆向教学设计过程的三个阶段设计过程中的每个阶段都围绕一个焦点问题展开，即学生应当知道、理解和能做什么？我们怎样知道学生已经达到预期结果或既定标准的要求？怎样的学与教能促进预期结果的达成？从逻辑上来讲，逆向教学设计方式是顺向的、合理的，因为"设计"本身内含目的及意向；说它"逆向"，是因为它与常规的教学设计方式相逆，按常规教学设计方式，教师"首先关注的是书本内容、自己情有独钟的课文及组织已成定规的教学活动等，而不是根据既定的目标与标准来选择教学内容及组织相应的教学活动"。逆向教学设计先明确预期结果，再确定预期结果达到的证据，把评价设计提到教学活动设计的前面，使评价嵌入教学过程，成为诊断和驱动教学的工具。这样一来，教学成为发现证据的过程，评价不再只是教学结束后的终结性检测，两者形成"教学—评价—教学"的螺旋式上升环，不断地促进目标的达成。

二、逆向教学设计的几点启示

逆向教学设计所倡导的围绕学习目标组织教学活动，促进目标、教学与评价的一致，实施目标导向和评价驱动教学的教学设计理念非常符合我国当前基础教育变革的迫切要求，同时它对我国一线教师实施教学设计有着重要的启发和借鉴作用，即"我们应该从基于教师自身经验或教科书的课程实施，走向基于课程标准的教学，即教学目标源于课程标准、评估设计先于课程设计、指向学生学习结果的质量"。具体来说，它为促进我国从传统的教学设计模式转向基于标准的教学设计改革带来了以下三点启示：

（1）应有清晰可靠的学习目标。以课程标准为思考的起点教学作为一项有目的、有组织的活动，目标的制定是关键，而传统教学设计从教材出发调整思路，根据对教材的解读而设计教案，进而开展教学活动，重在完成既定的教学内容。教材本身并非目标或标准，而只是用于达到目标或标准的教学素材，对同一个素材的解读是多样的，"既可以在某一时间里从不同侧面利用同样的素材（教材），也可以从多样的目标与课题出发使用素材（教材）；既可以挖掘某一素材和教材所隐含的一切潜在力，也可以在某一教学中突出某一潜在力"。教学如果依赖于教师对教材的解读和判断，就会出现"教师人人即标准"的局面，导致教学的主观随意性。而课程标准体现的是"国家对不同阶段的学生在知识与技能、过程与方法、情感态度与价值观等方面的基本要求"，它主要是"对学生在经过某一学段学习之后的学习结果的行为描述"。有了课程标准后，理应通过"分解"课程标准得到教学目标，即以课程标准为思考的起点，根据课程标准中所要求的相应的学习结果制定学习目标、设计评价、解析教材、选择或改编方法，进而组织教学活动，把教材作为达到学习目标的素材之一，整体指向目标的达成。

（2）评价设计先于教学活动设计。重视教师评价素养的提高目标制定后，怎样才能知道学生已有的学习经验与目标的距离？如何使教学与目标一致，以最大化实现目标？这是我们在思考教学的有效性时所关注的焦点问题。要想回答这些问题，关键在于明确目标怎样算是达到了，即目标达成的证据。评价设计先于教学活动设计正是为了解决这个问题，先确定目标达成的证据，进而判断学生已有的学习经验与目标的距离，再根据证据的需要设计教学活动，使教学成为发现证据的过程。一方面是为提高教学的指向性，突出评价的作用；另一方面则是对教师评价素养的要求，毕竟评价任务的设计和评分规则的制定对教师的专业判断要求很高，而目前很多教师这方面的素养还很欠缺，还需引起我们的重视。

（3）对课程标准、教材、教学与评价进行一致性思考。传统教学设计偏重对教材的解读，但教材只是用于达到课程标准中所要求的预期学习结果的素材之一，并非目标本身，如果只是对教材的解读，教师只知道要教什么，而往往不知道为什么要教以及教得怎么样，教学容易迷失方向。有了课程标准后，教学设计应从课程标准出发，通过分解课程标准中的课程目标得到学习目标，进而确定学习目标达到的证据，再根据发现证据的需要组织教学活动，从而使教学成为发现证据的过程。贯穿其中的是目标、教学与评价的一致性理念，这种一致性思考有力地促进了课程标准在教学中的落实，教学的指向性也更明确。有了这种一致性思考，教师不但知道要教什么，而且知道为什么要教以及教得怎么样，学习目标的达成得到最根本的保障。但这有一个前提，就是教师会分解课程标准、会根据学习目标设计评价以及安排相应的教学活动，这些都需要理论和实践上的进一步研究与探索。

三、教学设计为何要"逆向"

逆向教学设计强调以清晰的学习目标为起点，评价设计先于教学活动设计，指向促进目标的达成。具体来说，这种"逆向"教学设计模式主要基于以下两点考虑：

（1）学生是"顾客"，教学设计的起点是学习目标——"与其他设计职业如建筑学、工程学和绘画艺术学一样，教育设计者必须考虑到他们的'顾客'的需要"。那么，教学设计者的"顾客"是谁？ Grant Wiggins和Jay McTighe指出："在教育领域，因为课程、评价与学习指导设计的有效性最终取决于学生学习后所取得的成果。所以很显然，学生是我们的主要顾客。"而传统教学设计主要体现为对教材的解读，重在完成既定的教学内容，即把教学本身当作目的，而不是达到目标的手段。为此，Grant Wiggins和Jay McTighe主张使用相反的做法，即在教学设计中，首先明确目标，然后依据学习目标进行教学活动设计，视教学为达到既定学习目标的手段。这种逻辑，Ralph Tyler在1949年曾有过更清晰地表述："教育目标成为教学设计的标准与出发点。通过它，教学材料得以选择，教学内容得以成型，学习指导过程得以发展，评价工作得以准备……教育目标陈述的目的在于确定学生身上将要发生的变化，以此来设计各种活动并使之指向既定的目标。"

（2）教学设计的有效性最终取决于学生的学习成果。传统教学设计的首要目的往往是怎样漂亮地完成教学内容，学生的学习成果检验则主要体现于教学活动结束后的检测中，即"要么把评价看成教学过程的总结或结尾，要么看成是教学过程之外的测验或考试"。这种做法的弊端有两个：一是教学开始前，教师并不清楚目标达成意味着什么，也就不知道自己班的学生已有的学习经验和目标之间的距离，即评价的诊断作用没有发挥；二是在教学过程中，教师并不清楚自身的教学效果和学生的掌握情况，教学容易变成教师单方面的独白，来自学生的反馈被忽视，即评价的促进作用没有发挥。这种教学设计虽然有利于教师完成既定的教学内容，但却忽略了学生，这本身就违背了教学的本质。

"逆向"设计主题单元学习目标范例

"逆向"设计主题单元学习目标范例见表1~表3。

表1 *Amazing Art* 主题单元学习评价和学习目标

单元标题	*Amazing Art*
主题语境	人与社会
主题群	文学、艺术与体育
主题语境 内容要求	绘画、建筑等领域的代表性作品和人物
主题单元 核心概念	了解中外经典艺术，体会人类艺术创造的价值
主题单元 学习评价	（1）是否能够听懂并能够使用新学语言谈论国内外艺术形式，体会到艺术源于生活，思考人类艺术创作的价值。 （2）是否能够运用现在进行时的被动语态描述正在发生的事情。 （3）是否能够使用所学语言以书面的形式介绍一件国内外艺术作品或一位艺术家。 （4）利用多媒体等多种渠道获取学习资源，了解世界各地历史上的艺术家或作品。 （5）是否能够展示所在地区的民间艺术作品并说明推荐理由。 （6）是否能够评估自己的学习表现，优化学习策略
主题单元 学习目标	（1）运用新学语言谈论并流利地介绍卢浮宫中一件或几件代表性艺术作品，介绍国外艺术作品之美。 （2）为课本中提到的中国传统艺术设计思维导图，运用新学语言描述中国传统艺术形式和艺术家，有条理地介绍源自生活的多种艺术形式。 （3）复述唐代著名画家韩干生平及其画作，通过互联网查询，对比介绍国内外画马的著名画家（如中国徐悲鸿、美国著名女画家Abigail Guttong等），归纳中外文化以及时代、社会等对艺术作品的影响，体会艺术来源于生活。 （4）根据写作框架，连段成篇，书面描述梵·高的代表作品《向日葵》，学习班级优秀作品。 （5）组织"我身边的艺术作品"团队展览活动，采访社区或当地剪纸、泥塑、糖人等艺术家，用英语介绍代表作品的灵感由来、创作特色等，并陈述推荐理由，欣赏艺术创造的价值，体会艺术源自生活

表2 *Into the Wild* **主题单元学习评价和学习目标**

单元标题	*Into the Wild*
主题语境	人与自然
主题群	自然生态
主题语境内容要求	人与环境、人与动植物
主题单元核心概念	维护人与动物之间的和谐关系
主题单元学习评价	（1）学生是否能够听懂并使用新学语言谈论动物，恰当使用定语从句准确地描述自然界的动物以及与动物有关的话题（如外表、特征、种类、数量、习性和栖息地等）。 （2）学生是否能够概括分析动物和人类和谐共生的因果和逻辑关系，并能围绕动物话题展开辩论，创造性地表达人与动物关系的观点。 （3）学生是否能够联系自身实际，感知人与动物的和谐相处，思考如何处理好人与动物的关系，增进理解"维护人与动物之间的和谐关系"这一核心概念，形成关爱动物、保护生态的正确价值观。 （4）学生是否能够多渠道地查阅获取英语学习资源，团队成果是否有利于当地环境保护和动物保护并值得推广。 （5）学生是否能够评估自己的学习表现，优化学习策略
主题单元学习目标	（1）运用课文结构流程图梳理课文中的因果逻辑关系，根据流程图运用新学语言谈论并流利介绍黑脉金斑蝶迁徙的背景、目的和方法，归纳人类行为对其生存的影响。 （2）学习与动物有关的英文习语的表达，恰当运用定语从句，运用新学语言写一封邮件，联系实际，有条理地介绍自己和动物的相关经历。 （3）掌握辩论的结构，团队成员用关键细节和观点支撑论题展开关于"动物是否应该被关在动物园里圈养"的辩论。 （4）把握记叙文内容和结构特点，学习文章丹顶鹤的写作脉络，仿照范文，依据结构支架，描述另外一种动物，学习班级优秀作品。 （5）团队学习调查当地动物保护的优秀实例，宣传国内外人与动物和谐共处的成功范例和成果，推广人类与动物和谐共处的优秀经验，树立爱护动物、尊重动物、与动物和谐相处的正确价值观

表3 *Making A Difference* **主题单元学习评价和学习目标**

单元标题	*Making a Difference*
主题语境	人与自我
主题群	做人与做事

续 表

主题语境 内容要求	优秀品行，正确的人生态度，公民义务与社会责任
主题单元 核心概念	以优秀品行与社会责任感服务社会，改变世界
主题单元 学习评价	（1）学生是否能够听懂并理解与公益事业相关的文章内容，叙述并描述与公益事业有关的话题。 （2）学生是否能够通过对助人为乐人物事迹的学习，是否能够评价单元中人物对社会的贡献，运用新学词汇和语言，恰当使用过去分词作定语，撰写人物介绍，介绍优秀人物品行和人物事迹。 （3）学生是否能够了解国内外公益事业和模范人物的事迹，掌握书写人物传记类文本的行文思路和关键因素，探究不同文化在助人为乐方面的共通之处。 （4）学生是否能够多渠道调查资料，获取英语学习资源，提高用英语检索信息的能力，围绕志愿服务相关话题开展讨论和问询。 （5）学生是否能够联系自身实际，受到语篇人物事迹的启发和影响，培养自己坚持善行、关爱他人的人生态度，树立为社会服务的意识。 （6）学生是否能够评估自己的学习表现，优化学习策略
主题单元 学习目标	（1）完成加拿大男孩Ryan个人成长的故事线，根据故事线，运用话题相关语言知识描述Ryan从事公益事业和志愿服务的过程，思考个人成长的社会意义。 （2）听懂他人对Ryan基金会的评价，归纳过去分词作定语的特征和用法，运用个人品质的话题词汇，描述个人品质。 （3）访问联合国儿童基金会等网站，启动互联网调查或咨询已经存在的志愿组织：在了解国际公益组织信息，考虑个人性格和特长的基础上恰当地选择志愿者工作，然后通过小组合作电话咨询的方式获得志愿者工作机会。 （4）了解Nicholas Winton的生平，阅读屠呦呦的简历，归纳人物传记类文本常见的行文组织方式和关键要素，运用文章组织策略，最大限度地利用词云列词汇，在阅读的基础上准确、连贯地仿写人物传记，学习班级优秀作品。 （5）团队学习调查本校、本地或身边的优秀人物的事迹进行宣传，或者在学习本主题单元期间，网上检索国内出现的公益组织和爱心团体，参与社会志愿活动并贡献自己的一分力量，然后用新学语言介绍自己参与公益活动的经历

"逆向"设计主题意义课堂实施策略

    逆向教学设计提倡从"终点",即所追求的结果(目标或标准)出发开始设计教学活动;要求教师在确定了所追求的结果后,应先考虑评估方案再具体设计活动。本文结合英语教学实践中的一节课堂实例,分别从确定预期结果(设计学习目标)、确定可接受证据(设计成果标准和评价方案)以及设计学习体验和活动(设计学习活动)三个方面开展英语课堂教学,着力探索高效课堂的建构模式。

    在日常英语教学中,教师普遍的做法是把评估看成教学完成时最后要进行的环节。但是在整个学习过程中,学生的学习究竟达到什么程度才算达到了学习目标?学到什么程度才算他们更好地理解了呢?教师又根据什么样的证据知道学生已经获得了所要求的理解和熟练度?逆向教学设计无异于"教学设计的革命",它让教师以评估者的身份来思考学习证据,不仅能帮助教师更准确地界定教与学的目标,而且能够帮助学生更好地确定自己的目标。下面以一节阅读新授课The Wrong Kind of Small Talk(错误的聊天方式)为例,探讨如何将逆向教学设计运用于课堂教学实践,依次从确定预期结果、确定可接受证据、设计学习体验和活动三个方面来思考教学设计,取得最大化、最优化英语课堂教学效果。

一、通过确定预期结果来设定学习目标

    首先要确立本节课的预期结果。通过阅读课文内容,本节课主要围绕单元话题"聊天"展开,增加学生对交际场合的正式程度、行事程序以及对交际参与人身份的感知,选择恰当的语言表达形式进行交流,使学生了解语言的得体

使用必须考虑说话者身处的语境。文章的结构是课文前两段介绍了Esther不善于聊天（这是一个对人物特点的综合表述），课文其余部分则是围绕这个主题举出的7个小例子。针对这样的内容，把它开发成就文章框架学会仿写的素材肯定不合适，因此教学活动将"学会正确开展聊天"作为最终的教学结果。依据学生的英语水平和本篇课文的实际情况，同时依据逆向教学设计原理，将本节课的教学目标划分为四个层层递进的小目标，分别按照以下步骤设定。

1. 确立浅显小目标，逐步储备语言知识，最终理解文章大意

我们可以通过英语来表述这一小目标：Make out the meaning of the passage（理解文章大意）。这个小目标要求学生能理解新词汇、新短语，逐步排查阅读难点。在这种语言技能的学习方面，教师应遵循先输入后输出，使语言学习呈阶梯式层层推进。为达成这一课堂小目标，运用图片、"生活大爆炸"的电影片段等不同形式的教学资源，让学生通过看、听、读等形式来感知语言，感受不同国家、不同文化的聊天技巧。学生在回答课文问题的学习过程中运用扫读、详读课文的技巧阅读课文，不断了解聊天技巧方面的语言知识及文化背景，顺利回答相关问题，既储备了语言知识，又提高了阅读能力。

2. 精选课文小对话，展示自我进行表演，顺利完成知识建构

学生可任选两组对话进行表演，即Act out the conversations in groups（小组表演对话）。学生可以选取Esther嘲笑同事胖而无法使谈话延续下去的对话，运用幽默诙谐、极其夸张的语调来展示这段对话，揣摩这段对话的错误所在。通过这个教学目标重申本课的主题——语言得体的聊天技巧。由于本课生词多，在这个课堂小目标的设定中教师应让学生尽量兼顾大部分生词并将其列入评价量表。在表演小故事的过程中，学生创造性、综合性地运用已掌握的知识，在情境中积极思考，敢于说英语，乐于说英语，在合作的过程中充分展示自我，并在完成课堂小目标的同时完成了知识建构。

3. 品味中西文化差异，总结正确的谈话技巧，有效延伸教学内容

在这一环节中学生需要达成这样一个小目标：Find out the proper way of making small talk by cooperating in groups.（通过小组合作了解正确的聊天方式）。在阅读完课文的7个幽默小故事之后，学生总结出了哪些话题适合于聊天，哪些话题不适合于聊天。学生在总结的过程中增加了对所学语言国家风俗与文化的了解，理解文化内涵，比较文化异同，品味了中外多元文化，有助于促进英语学科核心素养的形成与发展。通过重放课堂开始时的"生活大爆炸"的视频片段，引导学生总结出使双方谈话顺利开展的谈话技巧。

4. 以真实任务为载体，实践课堂语言知识，顺利完成语言输出

设计贴近学生生活、有利于提高学生实际语言运用能力的任务：Attend a brunch party（出席一次午宴聚会）。在这个课堂目标的设计中，学生会遇到课文中提到的人物形象，或是在课堂视频中看到的人物谢尔顿，然后针对他们所遇到的交际问题提出可行性建议。这便是完成第四个课堂目标：Try it out in our daily life, and experience the success of cooperation.（在日常生活中尝试聊天技巧，体验小组合作成就感）。

最后这个课堂目标是学生本节课要达到的终极目标。以一个真实任务"参加晚宴并自然地与人交流"为载体，让学生在完成任务的过程中，将在课堂学到的语言词汇灵活地运用到现实生活中。这需要学生循序渐进地掌握知识，将在前面完成的、有梯度的三个小目标过程中收获的各种知识综合运用到这个大任务中来，最终达到顺利输出语言的目的。学生在完成这个真实的任务的过程中自然、有效地完成了语言输出，达到语用的目的。目标明确，接下来出现了一个问题：在学习过程中，学生究竟要达到什么程度才能达到教师所要求的学习目标？

二、确定可接受证据（设计成果标准和评价方案）

逆向教学设计告诉我们，教师在开始设计单元或课程时，根据评估证据能使我们的目标具有可操作性。依据此项原则，我们为学习过程中的每一个目标确立评价要素。通过使用评价量规，设定评价权重，采用学生自评、学生互评和教师评价相结合的方式，关注学生综合语言运用能力的发展过程以及学习的效果。评价设计如下。

评价要素1：熟练掌握课文词汇与结构，提高语言运用能力。

评价指标：充分理解文章内容，正确回答与阅读材料有关的问题；归纳文中提到的small talk的要点，把它们按重要性排列；表演课文对话，运用正确语音语调及恰当语气；在对话中加入自己的想象，补充合乎情理的内容。

评价要素2：良好社交技巧的探究活动。

评价指标：探究记录表填写完整，内容丰富；对研究学习充满兴趣，态度积极；活动过程中能相互交流和配合，有效体现小组合作的精神。

评价要素3：根据课本介绍的规则熟练地展开聊天。

评价指标：掌握社交技能中"该做"和"不该做"的事情，"该谈"和"不该谈"的话题；谈话时尽可能多地运用在课文中学到的词汇；根据AAA模式进行社交活动，给出社交建议；当运用AAA模式谈话时，增强交谈的友好气氛，促进了解，使谈话自然流畅。

评价要素4：回复一封社交技巧建议的电子邮件。

评价指标：针对邮件中提出的问题，小组讨论出尽可能多的合理回答；根据讨论内容写电子邮件回信，邮件中准确回答了来信邮件中所提到的所有问题；把本模块介绍的有用词汇运用到电子邮件的写作中。

三、设计学习体验和活动（设计学习活动）

针对以上的评价要素，设计了以下八个教学活动，顺利完成语言技能的先输入后输出，确保本课的语言学习阶梯式层层推进，教学目标顺利达成。

学习活动1：观看视频片段，初识课文主题——错误的聊天方式（回扣教学目标1，评价要素1）。

学习活动2：阅读课文第一部分，思考Esther 的人物特征（回扣教学目标1，评价要素1）。

学习活动3：阅读课文第二部分，思考课文中提到了哪几点错误的聊天方式（回扣教学目标1，评价要素1）。

学习活动4：通过合作学习，任选两组对话进行幽默夸张地表演，揣摩这段对话的错误所在，辨别哪些是聊天中应该谈到的话题，哪些是不应该谈到的话题（回扣教学目标2，评价要素1）。

学习活动5：通过合作学习总结正确的交际技巧，获取如何提高交谈能力的文本信息，填写探究记录表。在表演小故事的过程中，学生创造性、综合性地运用了已掌握的知识，在合作的过程中充分展示自我，并在完成课堂小目标的同时完成知识建构（回扣教学目标3，评价要素2）。

学习活动6：重新观看视频片段，进一步理解不同文化背景下正确的聊天方式，提高跨文化理解能力（回扣教学目标3，评价要素2）。

学习活动7：运用正确的聊天方式自如地聊天，并针对课文或视频中提到的人物所遇到的交际问题提出可行性建议，同时根据社交模式（AAA模式）流畅自然地进行社交活动（回扣教学目标4，评价要素3）。

学习活动8：课后完成书面作业，回复一封社交技巧建议的电子邮件（回扣教学目标4，评价要素4）。

纵观整堂课，采用了逆向教学设计，在确立教学目标后，先制定评价要素及评价量规，然后依据评价来设计相应的学生活动，力求每项活动回扣教学目标和评价指标，使之更具针对性。实践证明，学生在明确学习目标后，能够更加积极地参与学习活动，顺利完成语言输入，并且在完成真实任务的过程中有效地输出语言。同时，学生可以通过自评、互评、师评等方式正确评估自己本节课的学习成果，确定今后英语学习的努力方向。总之，这种逆向教学方法充分体现了"以教师为主导，以学生为主体"的教学原则，大大提高了课堂效率。逆向设计教学方法和任务型教学有效结合，充分调动了学生自主探究的积极性。学生在主题意义的引领下，完成课堂上教师所设计的由简到繁、由易到难的有梯度的学习目标。随着一串"任务链"的不断深化，整合语言知识和语言技能，基于英语学习活动观提升思维品质，发展核心素养，达成整堂课的课堂学习任务，也为培养学生终身学习的能力打下了良好的基础。（见表1）

表1　普通高中英语课程主题语境内容要求

主题语境	人与社会
主题群	社会服务与人际沟通
主题语境内容要求	良好的人际关系与社会交往
核心概念	选择得体的礼貌语与身势语开展交际
语篇标题	*The Wrong Kind of Small Talk*

💬 文本呈现

The Wrong Kind of Small Talk

Esther Greenbaum was a saleswoman for a firm of fax machines and business supplies. But she was also the most outspoken human being in the world—well, Westchester County, at least. Her motto was "Every time I open my mouth, I put my foot in it".

Esther Greenbaum's major shortcoming was that she had a complete absence of small talk. No, that's not quite true. She had small talk, but it was the wrong kind. In fact, she had never learnt the basic rules of social communication, and as a consequence, she made systematic mistakes every time she opened her mouth. It was no coincidence either that she wasn't a very good saleswoman.

One day during a meeting, Esther was introduced to an important customer, a mature woman.

"Nice to meet you," she said. "How old are you？" The customer looked awkward.

"Forty？ Forty-five？" said Esther. "You look much older. And your friend...she's older than you, but she looks much younger！"

On another occasion, Esther teased a typist, "Hey! When's your baby due？"

The typist went red and contradicted Esther. "Actually, I'm not pregnant," she said.

"Oh, sorry," said Esther without any apology. "Just putting on a little weight, huh？"

Esther was never cautious about other people's feelings. One of her acquaintances, a salesman in the firm, was going through a very messy divorce and was very depressed. She tried to cheer him up.

"Forget her！ She was a complete fool. No one liked her anyway."

Much of the time, Esther said the first thing to come into her head. One day at work, a clerk came into the office with a new hairstyle.

"Nice haircut," said Esther. "How much did it cost？"

The woman replied, "I'd rather not say."

Esther replied, "Well, anyhow, either you paid too much or you paid too little."

She met a very famous writer once. "Hey, what a coincidence！" she said. "You're writing a book and I'm reading one！"

The trouble with Esther was she said what she thought, and didn't think about what she said. A young man was trying to be modest about his new job many miles away.

"I guess the company chose me so they'd get some peace in the office," he smiled.

"No, I guess they chose you to discourage you from spending your whole career with us." Esther replied sweetly.

Once, Esther went to a brunch party to meet some old school friends on the anniversary of their graduation. She greeted the hostess.

"Do you remember that guy you were dating？ What happened to him？" she asked. "You know, the ugly one."

At that moment, a man came up and stood by her friend. "Esther, I'd like you to meet my husband," she said. "Charles, this is ..."

Esther interrupted her, "Hey, so you married him！"

教学流程

教学流程图（见图1）。

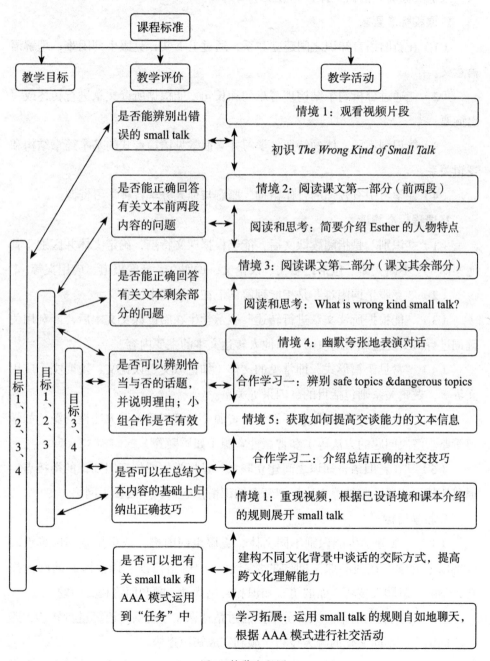

图1　教学流程图

📖 教学设计

教学目标确立依据：课程标准要求及解读。

1. 课程标准要求

（1）在新旧语言知识之间建立联系，通过上下文，克服生词困难，理解语篇意义。

（2）能通过分析句子结构理解难句和长句，能根据所读文章进行转述或写出摘要。

（3）能识别不同文体的特征，学习并掌握常见语篇形式的基本篇章结构和逻辑关系。

（4）在学习中有较强的合作精神，愿意与他人分享各种学习资源。

2. 课程标准解读

（1）"识别"是指阅读课文后，能够根据课文特点，确定文体并区别于其他文体。"不同文体"包括记叙文、议论文、说明文、新闻报道、应用文等。

（2）"克服生词困难"是指能理解词汇在该语境中的含义。

（3）"能根据所读文章进行转述"表示学生在阅读课文文本后，能利用关键词进行口头复述或书面改写，向他人转达文本的主要内容。

（4）"常见语篇形式"即常见的文体（如记叙文、议论文、说明文、应用文等），逻辑关系则包括目的、因果等关系。

（5）"各种学习资源"包括知识性资源（如笔记等）、方法性资源（如学习策略、解决问题的方法等）和智慧性资源（如质疑等）。

（6）"在新旧语言知识之间建立联系"是指学生抓住新旧知识的衔接点，通过比较、演绎、归纳等方法，把新旧知识衔接起来，形成知识网络。

3. 教学目标

（1）大部分学生能识别不同文体，克服生词困难，逐步排查阅读难点。90%以上的学生在回答课文问题的学习过程中运用扫读、详读课文的阅读技巧，不断了解聊天技巧方面的语言知识和文化背景，顺利回答相关问题。

（2）小组表演对话。大部分学生通过精选课文小对话对语篇进行转述，感受不同国家、不同文化的聊天技巧，顺利完成知识建构。

（3）大部分学生能够通过上下文揣测正确的交流沟通方式，通过小组合作了解正确的聊天方式，总结使双方谈话顺利开展的谈话技巧，总结交往法则，品味中西文化差异。

（4）大部分学生能够利用各种学习资源介绍新话题，利用合并句型、追加句子成分等方法，尝试运用聊天技巧，在新旧语言知识之间建立联系，充分实现知识的迁移，体验小组合作成就感。

4. 评价方案

（1）能否理解语篇文体结构，积极思考涉及语篇文本理解的相关问题，整理信息并予以有效地取舍、组合、拓展、加深，理解不同国家的多元文化，了解不同国家、不同文化的交流方式和聊天技巧，辨识正确的沟通方式。

（2）能够规划语篇组成部分，运用习得的新词汇按照AAA模式交流，丰富聊天内容，保持聊天过程的衔接和连贯，在和同学展开交流沟通的过程中，学会倾听并尊重他人的观点，体会交往法则。

教学流程

Teaching Objectives：

By the end of the class，the students will be able to：

1. make out the meaning of the passage.

2. act out the conversations in groups.

3. find out the proper way of making small talk by cooperating in groups.

4. try it out in our daily life，and experience the success of cooperation.

Task：Try out your social skills at the brunch party.

Teaching method：

1. Task-based methodology；

2. Student-centered；

3. Cooperation study.

Difficulties & Key points：

1. Words，phrases and sentences around the topic；

2. How to make smooth small talk using basic rules of social communication.

Teaching Procedures：

Step 1： Lead-in

Watch 2 videos and introduce Sheldon to the students. Get the students to be aware of the wrong kind of small talk.

Step 2： Pre-Task

Ⅰ. Scanning：

Read the first two paragraphs and answer the following questions.

（1）What is Esther's motto（箴言，格言）？

Every time I open my mouth， I put my foot in it.

（2）Replace the following sentence：

As a result， she made such regular mistakes whenever she talked.

As a consequence， she made systematic mistakes every time she opened her mouth.

（3）Esther_____the basic rules of social communication.

A. lacks   B. has

Ⅱ. Skimming：

Read the last paragraphs and answer the following questions：

（1）How many stories are mentioned？

（one day， on another occasion， once etc.）

（2）What did Esther say to them？

（3）Act out the stories.

Ⅲ. Word Matching.

Ⅳ. Consolidation.

Ⅴ. Group work.

By recalling the stories of Esther， try to answer the following questions and sum up the first tip： Keep cultural differences in mind.

Which of the following topics are mentioned in the passage？ Are they safe？

Are they safe topics in China？

Ⅵ. Watch the first video again to help Sheldon find out why his small talk with Penny can't continue.

Then sum up the second tip on small talk: Show your interest in other words.

Introduce the famous saying to the students:

"Talk to a man about himself and he will speak to you for hours！"

—British Prime Minister（Benjamin Disraeli）

和一个人谈论他自己，他会和你说上几个小时!

——英国首相（本杰明·迪斯拉里）

Step 3: While-Task

Task show: Try out your social skills at a brunch party.

Suppose one day you meet one of the following characters at a brunch party: Esther, Sheldon and the typist. Sheldon and Esther look worried because of their outspoken personality. So they have no friends. The typist is often teased by others because of her weight. Try to make smooth small talk with one of them by using words, phrases we have learnt in this class and proper social skills. Meanwhile introduce the AAA model to the students.

A: How are you getting on recently?

B: Not very well.

A: What's wrong? You look worried.

B: ...

（tease, outspoken, put a foot in it, pregnant, due, interrupt, contradict ...）

A: Cheer it up! In my opinion, you'd better ...

（safe topics, social skills, interest ...）

B: Really? ...

A: Sure. That's my social skills secret! ...

B: Thank you so much ...

Step 4: Post-Task

I. Self-evaluation.

II. Homework:

E-mail your suggestions to Esther at out spoken *Esther@yahoo. com*

"人与社会"主题语境下的逆向教学设计

教师贯彻"评价先于设计"的理念，在教学中基于逆向设计教学设计学习目标，组织教学活动，实现评价、目标与教学的一致，实施目标导向和评价驱动教学的教学设计理念。该案例评价设计最大的特点就是教师通过设计具体的、可操作的、可测量的评价量规，使学生非常直观地看到自己对语言知识的掌握情况。例如，评价方案2（回扣教学目标2）的设计是能够按照"论点—论据—例证"这一基本表达模式，运用新学词汇，并按照一定的逻辑关系来表达自己的观点。而对于介绍本国有争议的文本，能够客观地表达人们的不同看法，形成自己独特的观点，正确评判各种思想观点，并能运用10个以上的课文中所学到的词汇为良好，检测学生是否能够准确运用刚刚学到的语言知识。

语篇所在单元主题是大自然探险之旅下的文学传记，前面的文本涉及了人类探险之所见、所闻，把探险之旅以及个人所感记录下来，形成游记。本语篇教学设计倾向于议论文体，指向培养学生批判性思维，教师在课堂中强化了语言内化过程，鼓励学生尝试丰富和多样地运用语言，体会文章字里行间所传达的信息，辨析语言中的具体现象，梳理概括信息，建构新概念，并创造性地表达自己的观点，具备多元思维和创新思维的能力。两个学习任务分别是让学生发挥自己的想象，根据文本提供的有效线索，猜测马可·波罗是否真的到过中国；借助文学体裁这一难得的文学形式进行知识迁移，学生之间展开辩论——曹雪芹的《红楼梦》后40回是否是高鹗所作。由此可见，两个任务是同一话题的不同层面的延伸，这有利于提高课堂效率。

整堂课的设计采用了逆向教学设计与任务驱动的方式，而任务推进过程则依赖于评价设计产生的活动问题驱动。实际上，这堂课归根到底只有一个问题：《马可·波罗游记》这部书为什么存在争议？如果解决了这个问题，整个课堂的目标就达成了。学生大多能够迅速找寻出争论的焦点，收集、总结争论双方的论据。之前学过的议论文脉络都很清晰，基本上每段只重点讲一个内容，而这篇课文中所有的论据都是分散于文章各处的，有的论据甚至具有双面性，需要学生运用辨认、归类、总结等各种能力，阅读时注意思考句子中某些关键词背后隐藏的含义。教师需要为学生创造独立思考和体会的机会，同时应注意学生组内成员间的资源共享。本堂课的另外一个难点是如何把学到的正反观点类的议论文典型写法运用到自己的写作中。这篇课文不是典型的议论文写法，而最后的深层次的任务却偏偏与议论文相关。为了能够使学生顺利完成这项任务，教师在设计教学问题时遵循了"论点—论据—例证"的模式；在学生回答问题时，要求学生尽量按照这一模式组织答案，暗含了教师逆向设计的教学目标，逐步引领学生做到整体文章框架完整，每段论证有理有据。

关注学生学习进程，注重教学评价是这堂课教学的重点。大多数课堂教学中，教师只是在整堂课结束后评价学生学到了什么、学得怎么样。现在，"评价先于设计"的逆向教学设计指引教师在授课开始之前，就对期望学生达到的程度和对学生学得怎么样做出预设；在教学的过程中根据学生的表现，及时调整教学方法，提高课堂学习效果。（见表1）

表1 普通高中英语课程主题语境内容要求（*The Travels of Marco Polo*）

主题语境	人与社会
主题群	文学、艺术与体育
主题语境内容要求	小说、戏剧、诗歌、传记、文学简史、经典演讲、文学名著等
核心概念	对历史人物和文学作品的批判鉴赏
语篇标题	*The Travels of Marco Polo*

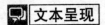 文本呈现

The Travels of Marco Polo

The year is 1271 AD. Imagine a 17-year-old boy from Venice, Italy, well-educated and trained for life as a rich trader. He sets off with his father and uncle on a 25-year journey to mysterious, distant lands that most people in Europe have never heard of. While on their journey buying and selling spices, silk and jewels, they befriend one of the most powerful men on Earth, Kubla Khan.

The boy's name was Marco Polo and many years later a book about his travels was published which made him famous. Marco Polo told his fantastic stories to a writer named Rustichello who wrote them down for him. This man was well-known for his stories and romantic tales of the legendary English King Arthur, but so many people doubted the reliability of his book *The Travels of Marco Polo*. However, Chinese historians have found obscure names and facts in the book that could only have been known to someone intimate with the country.

Many of Marco's stories were about China and its people. He told stories about the towns, cities and populations in great detail. He described the amazing things he saw in China such as paper money and black stone that burned (coal). With very little contact between China and the West, it is not surprising that people in a rich powerful place like Venice could not believe his stories, nor in the idea of huge, rich city states inhabited by millions of people. There could surely be no comparison with Venice.

A general myth has grown up around Marco Polo that he introduced such things as spaghetti and ice cream from China to the West. There is no truth to any of these claims and actually they are not mentioned in Marco Polo's book.

However, Marco Polo's book is still a unique insight for its age, most importantly it was a great influence for many future travelers. Christopher Columbus left behind a well-worn copy that he read as inspiration on his won voyages to America.

🔲 教学流程图

教学流程图（见图1）。

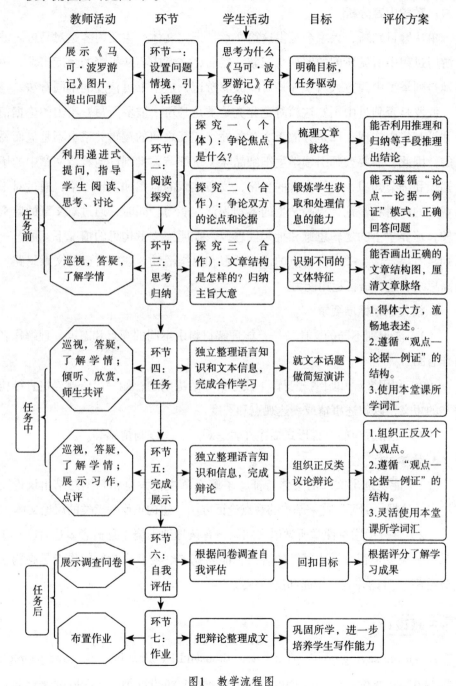

图1　教学流程图

📖 **教学设计**

1. 教学内容分析

单从题目判断，大家会觉得这篇文章是记叙文体，主要内容是对马可·波罗游历过程中所见所闻的罗列与记叙。然而，文章内容从批判的角度出发，更多地是列举了中西方人对于《马可·波罗游记》这本书可信度的不同看法。马可·波罗是否到过中国？这篇游记究竟是不是马可·波罗所写？给出的论据信息并没有集中体现，而是分散于文章各处，相互之间的逻辑关系也不是显而易见的。因此，需要教师引领学生细细品味文章细节，批判性地看待文章中的历史知识和细节知识，厘清作者的思路，读懂文章的意图和主旨脉络，通过对不同观点的探讨和鉴别，提高学生的鉴别和评判能力。同时，通过对文章的鉴赏比较，培养学生的逻辑思维和批判性思维，在厘清文章构思的情况下，通过一系列具有综合性、关联性特点的语言学习和思维活动，建构自己的文章思路，提高思维表达和语言运用能力。

2. 相关课程标准要求

（1）能识别不同的文体特征，能理解材料中不同的观点和态度，理解作者写作意图。

（2）利用推理和归纳等逻辑手段分析和解决问题；能写出语意连贯且结构完整的短文，以叙述事情或表达观点和态度。

（3）使用适当的语言形式描述并表达观点、态度与情感等。

3. 教学目标

（1）能辨别出文章的文体特征，了解文章主旨大意，归纳总结出议论文"论点—论据—例证"这一基本的观点论证方法，建构正反观点类的议论文体。

（2）整合运用本课堂所学语言知识，有条理地围绕主题概念表达自己对于"马可·波罗是否来过中国"的看法；能够就"红楼梦后40回的作者是高鹗还是曹雪芹"辩论并表达正面和反面观点。

📖 **主题设计**

As an old saying goes: There are a thousand Hamlets in a thousand people's eyes. Different people have different opinions about whether Marco Polo once went to

China. It's quite a coincident that in China people always have a doubt about whether Gao E wrote the last 40 chapters of *The Red Mansions* instead of Cao Xueqin. Hold a debate with your classmates about the dispute clearly and logically.

评价方案

回扣教学目标1：能否理解语篇微观和宏观的组织结构，积极思考课堂涉及语篇文本理解的相关问题，整理信息并进行有效的取舍、组合、拓展、加深，对语篇类型和语篇建构识别归纳；学会揣摩作者意图，总结观点论证方法和书写正反观点类的议论文体的基本框架，表达个人观点并与他人分享学习成果。

回扣教学目标2：能够规划语篇组成部分，按照"论点—论据—例证"这一基本表达模式，保持语篇的衔接和连贯性，运用习得的新词汇表达自己的观点，在和同学展开辩论的过程中，保持自己独特的观点，同时学会倾听他人不同观点。

教学流程

Learning objectives：

After learning the article，I will be able to：

（1）comb the outline and get the main idea of the whole passage with the method of induction（归纳法）.

（2）sum up how to present an argument and use the technique while sharing my opinion orally with my deskmates.

（3）organize a debate expressing opinions on a dispute about *The Red Mansion.*

Step 1. Lead in

For most people，Marco Polo introduced China to the whole world through his book *The Travels of Marco Polo*. In fact，there has always been a dispute about the book for decades whether Marco Polo has been to China. It's quite a coincident that in China people always have a doubt about whether Gao E wrote the last 40 chapters of *The Red Mansions* instead of Cao Xueqin.

Step 2. Pre Task

Ⅰ. Skimming

Read the passage and answer the following questions：

（1）What is the dispute about Marco Polo in this passage?

（2）What's your opinion? Are you for or against the idea that Marco Polo once went to China?

设计意图：在这里并不需要学生细节性地给出问题的答案，这两个问题的目的是驱动学生理解文章大意，引导学生客观分辨表达观点，不人云亦云，要在心里种下"我的观点我做主"的思维种子。有了初步的理解，学生对本堂课的学习目标也有了指明灯。

Ⅱ. Scanning

（1）Name the places where Marco Polo has travelled to.

（2）Name the country Marco Polo once visited.

评价说明：评价重点放在第二个问题上，因为两个问题之间是层层递进的关系。文章并没有直接给出第二个问题的答案，学生详读文本信息，利用推理和归纳等逻辑手段检索信息，得出判断。学生回答完问题之后给出判断依据，答案隐藏在下面这个句子中：

"While on the journey buying and selling spices，silks and jewels，they befriend one of the most powerful men on earth，Kubla Khan（忽必烈汗）."

（3）What is the dispute point? Please list the different opinions in the passage.

评价说明：检测评价第一个教学目标中的梳理文本脉络，抓取文章的关键信息，提炼文章中人们的争论焦点。对于接下来的问题，答案不是文章中固定的某一句话或某几个词语，教师需要引导学生归纳观点，用自己的语言表述出观点和看法。

Ⅲ. Consolidation Exercise

（1）He befriended one of the most important figures in the kingdom—the emperor in power，thus he had a close contact with the upper class.

（2）（Translation Exercise）With very little contact between China and the West，it is not surprising that people in a rich powerful place like Venice could not believe his stories，nor in the idea of huge，rich city states inhabited by millions of people.

（3）When he was only a young boy, his family had reached its downfall due to political reasons.

评价说明：通过一系列巩固练习评价第二个目标中的关于主题概念的新词汇的学习和运用。所有的consolidation设计都指向语言学习目标，达到语言知识的内化，并为任务输出做好充分的准备。

Ⅳ. Group work

Discussion：Tell the different opinions about westerners and Chinese. Sum up their reasons for the two opinions.

（1）westerners：doubt the reliability of the book.

（2）Chinese historians：Marco Polo must have had a close relationship with China.

设计意图：此环节以小组活动的方式进行，旨在培养学生学习策略和目标认知策略——能理解材料中不同的观点和态度，利用推理和归纳等逻辑手段分析和解决问题。这两个问题检测学生能否理解文章中的不同观点和态度；厘清篇章逻辑，陈述总结的理由。问题设计遵循议论文文体的写作逻辑"论点—论据—例证"，学生在理解不同观点，分析论据如何支持观点，以例证的方式表述理由等基础之上，运用议论文的文体模式概括文章内容，符合逻辑，条理清晰地表述观点，实现语言迁移。

Ⅴ. Thinking tank

What's the significance of the book? Give an example of its influence.

The book has a unique insight into society, which has a big influence on future generations.（课文最后一段However, Marco Polo's book is still a unique insight for its age, most importantly it was a great influence for many future travelers. Christopher Columbus left behind a well worn copy that he read as inspiration on his own voyages to America.）

设计意图：这个环节主要聚焦语言技能的目标——能理解材料中不同的观点和态度。学生能否理解也是一种观点，这成为最重要的评价标准。

Ⅵ. Summing-up

Discussion in groups： Please use a chart to show the way the author introduces the dispute.

评价说明：这个活动关注语言知识目标之中的功能目标——检测学生归纳总结和知识的迁移能力，如学生通过小组讨论后能否厘清主旨大意和文章脉络，总结概括议论文的文体建构方式，利用推理和归纳等逻辑手段分析和解决问题，发展认知策略。

Step 3. While task

Ⅰ. Pair Work

Share your opinion about whether Marco Polo has been to China with your deskmate.

评价说明：任务的设计实现语言知识目标。对学生提出以下要求，遵循"观点—论据—例证"的议论文文体结构，运用本课所学词汇，清晰流畅地表述自己的观点；鼓励学生运用批判性思维，多文化视角分析问题，表述观点。

Now you know how to present an opinion to others. What if other different opinions appear in the article?

设计意图：教师再次呈现文章的脉络，促进学生新旧知识融合，实现能力迁移。学生总结出议论文的行文逻辑—支持论点—支持论据—提出例证，反对观点—反对论据—反对例证，表达个人观点—观点论据。

Ⅱ. Debate

Group work：Hold a debate about whether Gao E wrote the last 40 chapters of *The Red Mansions* instead of Cao Xueqin. For example：

Supportive argument：The first 80 chapters write many detailed information about the life of the upper class in the Qing Dynasty，including the food style，the furniture and even the descriptions of related upper class. Give related examples.

Opposing argument：The ending of each character matches the beginning poems. So there is no doubt that the writer is the same person.

设计意图：最后这个环节要求学生能够把文章中所学的所有重点词汇运用到辩论中，从正反两个方面探讨这个争论性的问题，并表述自己的观点。促进语言和技能的正向迁移。

Step 4. Post task

Ⅰ. Self evaluation

At the end of the class, can you:

（1）Organize a debate concerning different ideas and master how to present your opinions?

（2）Express your opinions using newly-learned expressions?

（3）When you cooperate with your group members, are you a listener or an active speaker?

Ⅱ. Guidance

Finally, hope you can turn to the Internet or other sources of information to collect more information or evidence to support your opinion and enrich your idea.

Ⅲ. Homework

Organize your debate into an argument and write it out.

评价说明：评价的目的是回扣整个目标，让学生自己总结本堂课的学习效果。注意关注学生是否在思维品质（逻辑性、批判性、创新性）方面表现出一定的能力和水平，有意识地指导学生积极主动地参加小组活动并乐于分享自己的观点；鼓励学生多渠道获取学习资源，自主高效地开展学习。

3

以支架式教学建构主题课堂语篇脉络

认识支架式教学模式

"支架式教学（Scaffolding Instruction）应当为学习者建构对知识的理解提供一种概念框架（Conceptual Framework）。这种框架中的概念是发展学习者对问题的进一步理解所需要的，为此，事先要把复杂的学习任务加以分解，以便于把学习者的理解逐步引向深入。"

支架式教学是在苏联著名心理学家维果茨基的理论基础上发展起来的一种教学方法。维果茨基认为，学生的心理发展存在两个发展水平：第一个发展水平是实际发展水平，即学生独立解决问题时显示的能力水平；第二个发展水平是潜在发展水平，即学生在成人的指导、帮助或同伴合作条件下解决问题的水平。而在这两个发展水平之间的区域，就是"最近发展区"。换言之，"最近发展区"是儿童独立解决问题时的实际发展水平和在他人指导下解决问题时的潜在发展水平之间的距离。

维果茨基指出，学生的第一个发展水平与第二个发展水平之间的状态是由教学决定的，即教学可以创造"最邻近发展区"。因此，教学不应消极地适应学生智力发展的已有水平，而应当走在发展的前面，不断地把学生的智力从一个水平引导到另一个新的、更高的水平。由此，维果茨基提出了辅助学习的理念，认为人的高级心理技能，如对注意的调节、符号思维等，最初往往受外在因素的调节、辅助，而后才逐渐内化为学习者的心理工具。概言之，学生的自主、自律能力，是外部调节、辅助或者是他律逐步内化的结果。学生之所以在某方面学会自律，是因为外部呈现的行为规范被他接受并内化成自己的行动准则；学生之所以能够解答某道数学题，是因为教师示范的解题步骤已内省成学生自己的运算规则。

认同这些观点的研究者认为，合适的教学应该遵循从外部辅导到学生内化这一顺序。教师应该是通过为学生提供学习支架，把管理学习的任务逐渐由教师转移给学生。具体说来，教师首先在学生的现有知识水平和学习目标之间建立一种帮助学生理解的支架，然后在这种支架的支持下，帮助学生掌握、建构和内化所学的知识技能，最后再逐步撤除支架，让学生独立完成对学习的自我调节。

建构主义者正是从维果茨基的思想出发，借用建筑行业中使用的"脚手架"（Scaffolding）作为上述概念框架的形象化比喻，其实质是利用上述概念框架作为学习过程中的"脚手架"。

综上所述，这种框架中的概念是为发展学生对问题的进一步理解所建构的。也就是说，该框架应按照学生智力的"最邻近发展区"来建立，因而可通过这种"脚手架"的支架作用不停顿地把学生的智力从一个水平提升到另一个新的更高水平，真正做到使教学走在发展的前面。

当前流行的支架式教学，实际上融合了情境教学、合作学习、"最近发展区"等多种理论观点，它以理论整合为特征，以实现学生的自主为宗旨，其典型的教学环节如下：

（1）搭建支架——围绕当前学习主题，按"最近发展区"的要求建立理解框架。

（2）进入情境——将学生引入一定的问题情境。

（3）独立探索——让学生独立探索问题情境中所蕴含的意义，探索问题的实质，并努力解决这一问题。

（4）协作学习——进行小组协商、讨论。在共享集体思维成果的基础上达到对当前所学知识的比较全面、正确的理解，即完成对所学知识的意义建构。

（5）效果评价——对学习效果的评价包括学生个人的自我评价和学习小组对个人学习的评价，评价内容包括自主学习能力、对小组协作学习所做的贡献、是否完成对所学知识的意义建构。

无论支架式教学的环节如何，其核心思想都是通过学习辅助（搭建支架），让学生逐步实现独立解决问题的能力。我们可以从下述教学情境中更为直观地把握支架式教学的实质。

"人与自我"主题语境下的支架式教学设计

　　如何适应并调整高中生活是一个再真实不过的主题情境，是高一新生的真实生活写照。教学设计突出学生关注个人生活与学习、个体研究探索的价值，引导学生运用情感策略，针对在学习过程中出现的紧张、焦虑或急躁情绪，分析原因，采取有效方法进行自我调整，有毅力地坚持学习，同时运用元认知策略理性并自觉地总结适合自己的学习方法，优化学习策略。课堂学习任务重视学生如何沟通信息，具有在现实生活中产生的可能性，而不是"假交际"。教师在学生现有的知识水平（描述学校生活的主要基本要素）和学习目标（运用新词汇和新句型介绍高中新生活）之间建立一种能帮助学生理解文章脉络的支架，在这种支架的帮助之下，帮助学生掌握、建构和内化所学知识的技能。

　　英语语言的学习应该以真实的语言使用为基础，互联网使这个世界变得越来越小，中国学生和西方国家学生接触的机会越来越多，很多学校每年都有与欧美国家的姐妹学校的交流活动。在这种面对面的互动活动中，对周围世界充满无限好奇的高中生有强烈的与他人交流的渴望。这种内在驱动力使得学生的英语语言学习达到最高效率。高一学生正处于学习兴趣培养和学习习惯养成的阶段，激发他们的好奇心和创造力，创设与他们日常生活紧密联系的语言学习情境，让他们在学习过程中享受到学以致用的乐趣，而不是死记硬背字词及语法的枯燥教法，是本课主要出发点。

　　在整个教学设计中，实践有效教学的课堂设计理念——充分预热出氛围，巧妙设计入正题，整体速读抓主旨，分段详读品细节，感悟拓展话心得，自由讨论落笔头。

　　结合这节课的学习内容，孟浩介绍了他第一天的高中生活，在读前环节：

通过用学生感兴趣的话题，如身边同学到美国姐妹学校交流的视频，激发学生的参与热情，告诉学生——每一位同学都有机会体验视频上的学习生活，同时幻灯片上呈现相关图片，真实聚焦交流学习，导出关键词Sister school、Exchange students等。另外，视频中的中国学生和外国学生的友好相处也为后面引导学生思考，设想自己怎样与外国人交流做好足够的铺垫。此时学生的热情已经完全调动了起来，于是与姐妹学校笔友交流的任务和教学目标就顺理成章地呈现出来，课堂主题应运而生。从学生那一双双被点亮的眸子中，可以看出这一步已经达到了主题教学预设的效果。

读中部分主要包括两个环节：①General reading。培养学生整体把握文章的能力，同时给出学生一个抓主旨信息的阅读提示，帮助学生更好地完成任务。②Detail reading。通过不同的活动来帮助学生把握文章的细节。在平时的教学中教师可以贯彻分段阅读，对于不同的段落，呈现给学生不同的教学任务和练习方式，帮助学生很好地处理文章的细节，挖掘文章中深层次的信息，最大限度地给学生输入更全面的信息，引导学生用真实的情感表述。有梯度、循序渐进的语篇阅读教学设计能够给予学生思考的时间和空间，使学生在新知识和旧知识之间自然衔接，在语言输入和语言输出之间存在信息精加工的过程，给学生的自由发挥和创造性思维留有余地。

在读后部分，为学生设计了两个任务：第一个任务是让学生回忆他们熟悉的初中校园生活，并向他们的同伴描述。这个任务很受学生的喜爱，他们刚刚升入高中，对于过去的老师、同学和校园思念、眷恋，所以学生热情高涨，踊跃发言。第二个任务是让学生细心观察，在预设情境中向朋友描述新的高中生活。这一环节就是在学生掌握了语篇内容的基础上对语篇进行升华。学生需要认真听课，积极思考，积极回馈信息，且完成任务时参与面也较广。最终的写作展示达到了写作要素的要求，准确运用与主题内容相关的词汇和表达。语言输出是在"照葫芦画瓢"的基础上，加入自己的真情实感和具体描述，畅谈高中生活和感悟。从刚入校的高一学生的学习层次和语言基础角度来看，难度适宜，过高的教学难度和教学期望会损伤学生的学习积极性。

在各种学习活动当中，让学生围绕新的知识点，突出主题和语篇构造框架进行迁移操练。学生通过完成任务把学到的知识和形成的应用文写作技能转化成在实际生活中运用英语的能力。在完成任务的过程中，各子任务具有统一的主题目标指向，在内容上相互衔接。通过一系列任务的完成，满足学生的归属感和影响力。他们感到主题概念下的学习是有意义的，才会愿意学，才会学得好。学生迅速进入角色后，通过小组协商讨论，共享集体思维成果，完成对所学知识的意义建构。

学生需要用准确的语言向姐妹学校的朋友Lucy写一封E-mail介绍自己的高中生活。为了顺利完成最后的任务，可分两个步骤展开：第一步，要求绝大多数学生能以口头形式在小组活动中向同组同学描述自己初中时的学校生活，为最终任务热身；第二，要求全体学生能够以书面形式、用恰当的语言向姐妹学校的朋友Lucy写一封E-mail介绍自己的高中生活。学生用发散性思维和创造性思维在新语境下运用新知识，记录自己的高中生活新感悟。

课堂教学中，教师应抽出时间让学生充分自评、互评，相互学习，以便师生及时了解学习进度和语言接受程度，调整教学策略和学习策略。

文本呈现

My First Day at Senior High

After I had pictured it over and over again in my mind, the big day finally arrived: My first day at senior high! I woke up early and rushed out of the door in my eagerness to get to know my new school.

The campus was still quiet when I arrived, so I decided to explore a bit. I was looking at the photos on the noticeboard when I heard a voice behind me. "New here？" Turning around, I saw a white-haired man. "Yes," I replied. "I'm wondering what life is going to be like here." "Don't worry," he gave me a smile. "You'll soon find out."

How true these words were! When my English teacher stepped into the classroom, I was surprised to see the same man I had met earlier.

"Good morning, everyone. Before we start, please come to the front one by one and introduce yourself to the class. I'll go first ..."

"What？！" I tried to turn on my brain but the engine just wouldn't start. "I should say my name, of course. But what else？ What could I say to make a good first impression？ Something about my insect collection, perhaps." I was organising my words in my head when the girl next to me gave me a nudge. "It's your turn！"

With butterflies in my stomach，I breathed deeply. "Hi，I'm Meng Hao." Everyone started laughing. I looked at them in panic. "Nice to know we share the same name，" said my new teacher. I had been too nervous to pay attention when he introduced himself！Although I was embarrassed，his words made me a lot more relaxed！

When we had all introduced ourselves，Mr Meng said，"Well done，everyone！I know this isn't easy for many of you. But this is just the kind of thing you are going to face at senior high. Challenges like this might sometimes put you under pressure. But it all depends on what you do. Keep calm and be prepared. That way，you'll make the most of your time at senior high."

People say："Well begun，half done." I guess this was a good beginning to my new school life.

教学流程

教学流程（见表1）。

表1 教学流程概表

环节	过程	目的
Step1：创设情境，导入新课，呈现任务	利用资料照片和本校国际交流情况，引入主题；进行头脑风暴，列出介绍高中学校生活可能的相关方面	激活已有图式，激发学生探究热情
Step2：提供支架式引导，暗示语篇写作结构	根据学生开启高中生活与课文同步的学习情况，展示问题，学生整体阅读，验证猜测	激活学生背景知识，为后续活动做结构上的铺垫，提高学生获取和处理信息的能力
Step3：学生独立探索，体会语篇结构	精读文本，了解细节，归纳主旨大意，填写图表问题导读，分段理解，并完成相关的任务链接	语言输入，梳理文章脉络，绘制思维导图
Step4：合作学习，完成任务，展示成果	先向自己的组员口头介绍自己以前的学校，然后给姐妹学校的笔友写一封电子邮件，介绍你的高中学校；在展台上展示成果，集体讲评	语言输出，建构知识体系，检验学习目标的达成

环节	过程	目的
Step5：课堂小结，自我评价、小组评价、教师评价	总结所学内容，以问卷的形式，自我检验目标的达成程度和小组合作的程度	自我反思，他人反馈，调整学习策略，增强学习效果
Step6：布置作业，延伸主题	修改完善自己的电子邮件	巩固主题，完善提高

📖 **教学设计**

（一）教材分析（见表2）

表2 普通高中英语课程主题语境内容要求（*A New Start*）

主题语境	人与自我
主题群	生活与学习
主题语境内容要求	乐于学习，善于学习，终身学习
核心概念	合理规划安排高中阶段的日常学习与生活
语篇标题	*My First Day at Senior High*

本单元以 *A New Start* 为主题，描写了崭新的高中生活以及高中学校丰富多彩的俱乐部活动、美国女孩Lisa总结的高中学习与生活建议等学习内容，帮助朱同学全面地了解高中日常学习和生活的基本情况，引导学生合理规划安排高中生活，并在一定程度上了解中外学校高中教育的异同。本模块阅读文章题材丰富，时代特征明显，语言生动形象，与学生生活非常贴近，使学生倍感亲切，学习起来也更加顺畅自然。

课文选择的是本模块的大语篇部分，该文章通过一名高中新生开学第一天的日记，亲切自然地对本模块的主题"高中学习"进行集中呈现。日记以时间顺序描写了一个高中学生第一天的经历和感受，从主人公上学前的内心活动开始，记录了他在高中第一天的学习生活，抒发了主人公对新学校的无比热爱和对新校园生活的美好憧憬。

"Well begun, half done." 日记最后一段的总结性语句作为高中学习的开端，将对学生今后的高中英语学习走向产生重要的影响。所以课堂教学时，日记中呈现出来的热爱学校、对高中生活的美好憧憬和学习劲头都应该充分利用，使之成为激发学生努力适应新环境、积极学习的动力源泉，调动新生的学习动力。

　　显然，作为高中英语的开始，这一课的学习将对学生今后的英语学习至关重要，因此本课更应该从学生的实际出发，畅谈新学校生活带来的感触，展望新奇又充满挑战的高中生活。让学生体会孟浩高中第一天的情感和经历，创造性地探究主题意义，理性调节学习方法，优化学习策略，加深对单元主题意义的理解，增强对高中生活的自信。语篇类型是日记，教师需要在文章讲授过程中带领学生梳理文章结构，引导学生理解和整合文章脉络、行文逻辑、情感描述手法，因此本语篇比较适合实施支架式教学模式。

　　（二）课标解读

　　（1）语音知识内容要求：根据重音、语调、节奏等的变化感知说话人的意图和态度。

　　（2）词汇知识内容要求：在语境中，根据不同主题，运用词汇及相关事务进行支撑，描述行为、过程和特征，说明概念等。

　　（3）语篇知识内容要求：了解日常生活中常见应用文的基本格式、结构和语言特点。

　　（4）语用知识内容要求：选择符合交际场合和交际对象身份的语言形式，（如正式与非正式语言），表达问候、介绍、告别、感谢等，保持良好的人际关系。

　　（5）文化知识内容要求：比较中外学校学习生活，发现两者异同。

　　（6）语言技能内容要求：理解语篇中细节性信息并梳理情节发展的时间顺序，理解语篇中显性或隐性的逻辑关系。

　　（7）学习策略内容要求：根据学习内容和学习重点，计划和安排预习、复习等学习生活。

　　📖 **教学目标**

　　（1）熟悉话题语境，明晰文章的主旨大意。

　　（2）能够解构文章，掌握日记这种语篇类型的基本格式、结构和语言特点。

　　（3）梳理情节发展的时间顺序，运用描述学校生活相关的常见词汇和句型结构，给姐妹学校笔友Lucy写一封电子邮件，讲述自己高中第一天的经历。

评价设计

（1）针对语言输入的层面，即对文本内容的理解，主要采用问题驱动的方式，层层递进地检测学生对文章主旨以及写作技巧的掌握情况。这部分的评价形式主要以师生互评为主，并结合生生互评。（主要检测教学目标1的达成情况）

（2）针对语言输出的层面，检测目标达成情况：①小组合作之前，本着语言输入由浅入深的原则以及分层教学的实际需要，设计若干与完成任务相关的填空造句、短句翻译等问题，旨在时时调控并检测学生能否一步步地为完成最后任务做好各项准备（主要检测教学目标2的达成情况）；②小组合作过程中，学生利用手中的"评价细则表"对组内成员的学习成果进行生生互评；③课堂展示成果时，教师可以利用这个表格进行师生互评；④展示结束后，一个趣味小问答会让学生进行自我评价。（注：以上主要检测教学目标3的达成情况）

教学流程

Teaching process：

说明：T代表教师活动，S代表学生活动。

Step Ⅰ：Show the task（创设情境，任务呈现）

导入：创设情境，呈现任务（播放一段我校学生到美国姐妹学校交流的视频，然后通过幻灯片呈现我校学生与姐妹学校学生交流的图片）。

Tell the students they also have chances like them.

T：Question linking task—Can you describe your new school and the new day in the new Senior High school?

Everybody，you have begun your new high school life. Before you came here，all of you studied in different middle schools. Now I will give you some time to think about what the main differences and similarities between Junior High school and Senior High school are.

After we have compared Senior High school and Junior High school，we will learn something about Meng Hao's first day at Senior High school.Before we read the text，let's make a prediction!

S：Work in groups and discuss the following questions.

（1）Predict what Meng Hao will mention about his first day at Senior High.

（2）What do you think Meng Hao's first day was like? Use some adjectives to describe it.

设计意图：通过话题导入，激发学生对表达自我的真实语用能力的兴趣和学习欲望。通过观察课堂反应，初步评价任务的设定是否对学生有吸引力，是否贴近学生生活和语言水平。接下来的两个问题是这篇文章的关键，第一个问题是引导学生达到语言技能目标中读的目标，是从文章中获取主要信息的关键；第二个问题是促进学生实现语言知识目标中的词汇目标，理解与学校有关词汇表达的不同表达功能。这两个问题理解得好，整篇文章的内容就基本完成了，但是，这里并不要求学生具体的回答。

时间预设：3分钟。

呈现任务——After the period（一课时），we will be able to：

（1）Be familiar（熟悉）with structures to express description of school life.

（2）Be able to write an e-mail to introduce our new school life to your friends in our sister school.

Share your thoughts and feelings with others by using the newly-learned structures and expressions.

设计意图：全体学生必须十分明确这一课时的各阶段的学习目标，为任务完成提供可评价的标准。

While—Reading：

Step Ⅱ：Skimming

S：Read the passage quickly and silently. Check your predictions and give answers.

（1）What did Meng Hao mention about his first day at Senior High ?

the school campus/new teachers/school subjects/a new timetable/an embarrassing moment/new friends/your feelings/other

（2）What do you think Meng Hao's first day was like?

设计意图：这一步暗示提问，铺垫任务实现的两大关键问题，行文逻辑和形容词的恰当运用，同时，担负着文本理解和写法指导的双重作用。而且，这一步紧扣语言技能目标中读的目标，阅读后能够准确解决有关理解文章主要内容方面的问题。

时间预设：3分钟。

（3）T：Can you summarize some adjective words and expressions in Meng Hao′s description?

① Before going to school.

② Arriving at school.

③ During the English class.

④ After the English class

S：Try to reuse them in pairs.

设计意图：通过给出事件短语搭建文章脉络支架和知识支架，同时紧扣语言知识技能中的词汇目标，识记文本中与高中学校和学习相关词汇的词性、意义、用法等，并准确地运用到自己的口头表达中和之后的写作任务中。另外，关注事件划分和信息分类，感受行文逻辑。

Step Ⅲ：Scanning

S：

A. Choose the best description of Meng Hao's first day at senior high.

（1）He found the English class difficult and was not sure what to do.

（2）With the English teacher's support, he thought senior high was easy and felt confident about his future.

（3）He was not sure about life at senior high, but after the English class, he felt more confident ...

B.Complete Meng Hao's experiences with expressions from the passage（见表3）.

表3 Complete Meng Hao's experiences with expressions from the passage

Meng Hao's experiences	Meng Hao's feelings
before going to school Because it was Meng Hao's first day at_____, he got up early and rushed out of the door to his new school.	Excited; woke up early; rushed out of the door

续 表

Meng Hao's experiences	Meng Hao's feelings
Arriving at school The campus was still quiet, so Meng Hao decided to_____, he met a man who he_____find out later was his English teacher.	
During the English class, Meng Hao was nervous about introducing himself in front of the class. With _____, he began, but everyone laughed. It turns out that he and his teacher shared_____ Meng Hao said that challenges at senior high might put them_____.He advised everyone to_____and _____	
After the English class Meng Hao thought he had_____to his new school life.	

时间预设：15分钟。

T：

Question：What did Meng Hao feel before going to school？Which actions show such feelings？

S：Meng Hao felt excited.

He woke up early and rushed out of the door.

S：

Thinking：How to express a person's feelings？

S：Using adjectives directly./Using action words or phrases.

设计意图：学生独立探索任务答案。学生在阅读文章的过程中，梳理文章脉络，注意描述主人公表达情感的两种方法，即直接点明和通过对具体动作的描述呈现主人公的情感。

Step IV

T：

Question 1：What did Meng Hao feel on arriving at school？Which actions show such feelings？

T: Ask your group member such questions in turns and check your answers.

设计意图：学生小组合作，合作探究，互问对方此类问题并探讨答案。学生在讨论中进一步理解主人公的情感发展，梳理文章脉络，提取主要信息，促进学生对文章的整体把握，同时紧扣词汇知识内容要求；在语境中，根据主题内容运用词汇命名相关事物，进行支撑，描述行为、过程和特征，说明概念等。通过引领学生翻译、模写、查找相似句子等，可以了解到学生能否深入理解文章内容，并灵活运用在自己的任务中。

Post reading：Put what you have learnt into Practice.

T:

Question linking task：Now can you describe your first day in your Senior High school？（见表4）

表4　Describe your first day in Senior High

Theme	My first day at Senior High
Related words	Curious/impression/campus/facility/impression/impressive/eager/eagerness/explore/with butterflies in one's stomach/breathe deeply/challenge/confident/pressure/describe/description

时间预设：10分钟。

设计意图：表格中呈现的表达除了课文中出现的之外，还有在阅读练习中的拓展词汇。这一步紧扣语言技能目标中说的目标，能根据话题要求与人交流、合作，共同完成任务。为了本课时的任务——描述高中的第一天，在这个环节要小小地演练一下，学生将在小组的互助活动中运用本课所学的语言知识进行口头表达。这个环节看似重复，其实是很有必要的一次复习加深和巩固。前面的速读和找读阶段是学生对新鲜内容的初步识记。学生对这些词汇和语法用法的理解和运用也是一个在理解的基础上尝试探索使用的过程，需要教师的鼓励、指导和纠正。而这次的任务活动承上启下，学生在前半节课的亲身实践和摸索之后，要扎扎实实地落实"米"，为后面的"巧妇之炊"打下基础。

评价说明：该环节的小组活动紧扣语言技能目标中对于说的要求，旨在加强语言运用词汇和表达，要求学生参照屏幕或黑板所示内容，积极思考，"现学现卖"，或者讨论进行，共同选择合适的词汇和表达，完成此阶段目标任务，为最终向他人描述更加复杂的在学校一天的任务做一次小小的"实战演习"。在此活动中，所有学生都有机会表达，要求组长给"沉默"的队友起到很好的示范带头作用，最大限度地利用"最近发展区"策略，为任务的最终完成热身。

Step V

S：

Task 2：Write an e-mail to introduce our new school life to your friends in our sister school.

Reference：you can describe your impression of your Senior High and whether your feelings have changed before and after the first day.

（e-mail的开头和结尾已经给出。）

Dear Lucy,

　　Long time no see! I'd like to share you with my first day in my new senior high school ...

　　...

　　...

Best wishes,
Yours,
Li hua

时间预设：10分钟。

评价说明：该环节考查学生语言技能目标，是否能写出语意连贯且结构完整的短文，叙述事情或表达观点。教师观察并挑选1~2份进行点评，表扬完成的学生，鼓励没有完成的学生，并重述任务以激发没有完成的学生课后继续完成。

Evaluation（自我评估）：

S：

评价参考：6 Excellent　　4~5 Good　　1~3 Work harder，please！

（1）Can you talk about your senior high?（　　　）

　A. No（0）　　　　　　B. Yes（2）

（2）Can you write an e-mail to introduce our school to your friends in our sister school? （　　　）

　　A. No（0）　　　　　　B. Not fluently （1）　　　C. Yes （2）

（3）How many words or expressions have you used in your speaking and writing? （　　　）

　　A. none（0）　　　　　B. 1~3（1）　　　　　　C. more than 3（2）

时间预设：2分钟。

评价说明：评价问卷是一种很好的形式，它时刻提醒学生在这一宝贵的课时是否进行了有效的学习。教师希望这一课时教会学生什么，使学生真正学到什么，这要求我们必须有这样一个科学的评价机制。而教师对本课时的评价标准在设计学习目标前就应"成竹在胸"，对整个课堂运筹帷幄，一切尽在掌控之中，同时也为课后作业的布置展开摸好底。

Homework：Modify（修改）and improve your E-mail.

评价说明：任务的最终完成应是课后绝大多数学生对这份作业精细而准确地独立完成。课堂的时间有限，教师只对几个学生的任务完成进行评价。大多数学生的"作品"还在草稿阶段。所以这一课时的效果和效率将在次日收上来的作业中最终体现，并完成最后的评价。

"人与自然" 主题语境下的支架式教学设计

支架式教学是较为传统的一种英语课堂教学模式，本案例突出了这种教学模式，从一开始的导入环节就将学生引入世界之谜的问题情境，并提供可能获得的语言支持。随后，围绕当前所学主题，按"最近发展区"的要求，建立有关天池水怪的初步话题引领。在文章理解的环节中，教师启发引导，充分利用支架式教学的各种理论，在理解概念的过程中，通过回答与文章相关的阅读问题，填充表格等形式，适时提示点拨，引导学生搭建天池水怪文本框架中的各个节点，帮助学生沿概念框架逐步攀升。

在巩固概念框架这个环节中，教师应借助小组合作表演对话的方式，让学生进一步掌握所学概念。帮助学生厘清原本复杂凌乱的知识体系，使学生全面正确地理解当前所学内容，完成对所学文章的意义建构。教师尝试让学生自己决定探索的方向，形成自己的批判性思维。学生独立思考问题，不同的学生可能会形成不同的观点。教学设计调动学生的元认知策略，将监控学习和探索天池水怪奥秘的责任由教师为主向由学生为主转移，引发学生对自己的认知过程及结果进行有效调控。借助这种"认知学徒关系"，学生可以在真实性的活动中逐步发现和解决需要解决的问题，掌握需要掌握的知识，将低阶知识内化为高级的知识技能。

由于课堂教学的主体是学生，在课堂教学中教师要充分调动学生学习英语的积极性，注重合作学习。在本节课的合作学习活动中，考虑到高一学生在经过接近一年的高中学习后，对于词汇语法等已经有了一定的基础，他们的听说读写等技能也已经达到了一定的水平，但学生独立解决问题的能力还有待提高。因此，让学生通过合作学习关注学习细节，学会在倾听与参与的过程中借鉴他人之长，整合知识储备。在体验个人及小组成功喜悦的同时，学生的英语学习积极性大大增加。全班同学在挑战自我、超越自我的英语学习热情中顺利完成学习任务，充分体现了"以学生为主体"的教学理念。

课堂气氛活跃，学生积极参与，课堂合作学习有成效，学生各自都学有所获。整堂课师生配合默契，氛围融洽。教师必须拥有与时俱进的教育观念，同时具备丰富的"人与自然"主题知识相关的背景知识，勤于反思、善于学习，创新使用教材，才能激发学生更加热爱所学的学科与课堂，创造出不时涌现出智慧火花的"活力课堂"。

因此，在这种教学模式中，教师通过营造合作、沟通、讨论、竞争的课堂文化发挥学生的主动性和创造性，提高英语语言运用综合素质，激发学生围绕"人与自然"主题探索世界、地球、自然的奥秘，发展学生核心素养。

文本呈现

The Monster of Lake Tianchi

The "Monster of Lake Tianchi" in the Changbai Mountains in Jilin province, northeast China, is back in the news after several recent sightings. The director of local tourist office, Meng Fangying, said the monster, which seemed to be black in colour, was ten metres from the edge of the lake during the most recent sighting. "It jumped out of the water like a seal—about 200 people on Changbai's western peak saw it." he said. Although no one really got a clear look at the mysterious creature, Xue Junlin, a local photographer, claimed that its head looked like a horse.

In another recent sighting, a group of soldiers claim they saw an animal moving on the surface of the water. The soldiers, who were walking along the side of the lake, watched the creature swimming for about two minutes. "It was greenish-black and had a round head with 10-centimetre horns", one of the soldiers said.

A third report came from Li Xiaohe, who was visiting the lake with his family. He claims to have seen a round black creature moving quickly through the water. After three or four hundred metres it dived into the water. Ten minutes later the monster appeared again and repeated the action. Mr Li Xiaohe said that he and his family were able to see the monster clearly because the weather was fine and the lake was calm.

There have been reports of monsters in Lake Tianchi since the beginning of the last century, although no one has seen one close up. Some photos have been taken but they are not clear because it was too far away. Many people think the monster may be a distant cousin of the Loch Ness monster in Scotland. They also think that there might be similar creatures in other lakes around the world. Scientists, however, are sceptical. They say that the low-temperature lake is unlikely to be able to support such large living creatures.

Lake Tianchi is the highest volcanic lake in the world. It is 2,189 metres high and covers an area of about ten square kilometers. In places it is more than 370 metres deep.

教学流程

教学流程（见表1）。

表1 教学流程概表

环节	过程	目的
Step 1：观看视频导入	观看侏罗纪公园电影片段，激活学生的背景知识，关注恐龙消失之谜，导入本文阅读	创设主题情境，奠定话题基础
Step 2：判断文章出处	阅读开篇词句，通过回答问题，快速领会文章主旨；根据文体，初步构建文章框架	适当给予暗示，培养阅读能力
Step 3：捕捉阅读信息	找出天池水怪三次露面的信息，填写关键词，完成PPT出示的信息表格，进一步丰富文章框架	学生独立探索，提示目标语言
Step 4：小组角色表演	结合表格提示，四人一组进行复述，练习采访中的发问和应答	合作学习探究，组织运用语言
Step 5：细读最后两段	阅读课文第二部分，补全天池信息，完成框架。同时归纳may/might have done的含义，学会使用	导入语法学习，体验语言运用
Step 6：把握文章脉络	朗读全篇课文，根据框架厘清全文内容的主线，总结回顾文章内容	评价学习成果，形成知识体系

续 表

环节	过程	目的
Step 7: 完成书面练习	尝试不借助支架, 内化知识技能, 介绍恐龙消失之谜, 完成短文, 实现知识迁移	评价学习成果, 进行迁移创新
Step 8: 小结布置作业	总结本节课的重点, 实现学生独立完成对学习的自我调节, 培养学生科学探索世界的意识	延伸课堂阅读, 发展核心素养

📖 教学设计

（一）教材分析（见表2）

表2　普通高中英语课程主题语境内容要求（*Unexplained Mysteries of the Natural World*）

主题语境	人与自然
主题群	宇宙探索
主题语境内容要求	地球与宇宙奥秘探索
核心概念	观察和认识世界, 对事物做出正确的价值判断
语篇标题	*The Monster of Lake Tianchi*

　　该阅读材料是选自主题单元 "自然界的难解之谜"（*Unexplained Mysteries of the Natural World*）中的大语篇: 天池水怪（*The Monster of Lake Tianchi*）。通过学习, 使学生进一步认识我们所处的世界, 培养他们不断探索自然奥秘的精神。本节课教学的重点是正确理解介绍天池水怪的短文, 阅读过程中快速准确地把握文章主线, 厘清文章脉络, 掌握阅读技巧; 运用本模块所学词汇和短语介绍两个自然界不解之谜: 长白山天池水怪和恐龙灭绝之谜; 在表达中正确使用may/might have done这一结构。在课堂教学中侧重英语阅读能力与口语表达训练, 实现语言的有效输入与语言的自然输出, 同时辅以写作任务, 巩固may/might have done的用法。在教学过程中力求回归语言学习的特点, 通过适当的视频、图片材料来解释个别生词短语, 并创设情境帮助学生更进一步理解课文内容。学生在观摩视频、欣赏图片的过程中展开丰富的想象, 积极主动地探索自然奥妙。

（二）设计思路

英语课堂是一个"话语交流"的场所，关注课堂师生互动会为教学目标的达成铺垫潜在的教学资源。课堂动态推进的建构过程需要教师教学积淀与教学机智的支撑来激活学生的思维，有效的课堂互动是寻找英语课堂教学生长点，正确设立课堂教学挑战点、突破点和提升点的关键所在。因此在设计这堂课时，基于支架式教学着重考虑以下几个方面。

1. 合理创设学习情境，激发学生独立思考

支架式教学模式设计的关键点是教师充分研究学情和教材，激励学生在学习过程中独立探索知识，完成学习任务。建构主义提倡的学习方法是教师指导下的、以学生为中心的学习。建构主义的学习环境包括情境、协作、会话和意义建构四大要素。与建构主义学习理论及建构主义学习相适应的教学模式可概括为："以学生为中心，在整个教学过程中由教师起组织者、帮助者和促进者的作用，利用情境、协作、会话等学习环境要素，充分发挥学生的主动性、积极性和首创精神，最终使学生有效地实现对当前所学知识的意义建构。"基于建构主义理论的支架式课堂教学模式让教师和学生的传统角色发生了革命性的变化，教师成了课堂的设计者、指导者和情境的创设者，学生成了真正的课堂主体。在教师设计和创设的情境中，学生积极思考，敢于说英语，乐于说英语，课堂上创造性和综合性地运用已掌握的知识，在师生互动、生生互动的形式中完成课堂任务和知识建构。在教学过程中，教师运用教学智慧和多种教学手段，使得课堂更加生动，更加吸引学生的眼球和注意力，进而营造高效的互动课堂。

2. 关注"最近发展区"，保障合作学习

"凡事预则立，不预则废。"维果茨基说过："What the child is able to do in collaboration today, he will be able to do independently tomorrow."（学生在今天的合作学习中能够做到的事情，明天一定能够独立做到。）在合作学习活动中，首先，通过建立严谨、细致的规章制度和关注课堂教学细节来保障合作教学的扎实推进；其次，运用"最近发展区"理论，充分发挥学有余力的学生在班级英语学习中的带头示范作用，从而带动成绩稍差的同学敢于挑战自我、超越自我，更快地发展。支架式教学更加强调自主、合作、探究的学习方式和个人、同伴、教师三方评价学生表现的方式，这符合学生的认知实际，而教师的精讲点拨，

适时暗示与助推常常具有画龙点睛的作用，因此关注教学细节十分关键。

基于以上教学模式的关键原则，笔者在组织这堂阅读课的时候设计如下教学目标和教学过程。

📖 教学目标

（1）学习本课生词，学会基本短语，厘清文章脉络，理解文章长难句。

（2）通过采访方式，运用所学语言，描述天池水怪，提高语言应用能力。

（3）通过观察揣摩may/might have done的用法，在揭开"恐龙消失之谜"的写作中熟练运用。

（4）培养学生观察和认识世界、对事物做出正确的价值判断的能力与科学探索大自然奥秘的精神。

📖 教学流程

第1步：通过导入创设主题情境。观看侏罗纪公园电影片段，讨论恐龙灭绝的原因，引出本单元主题——*Unexplained Mysteries of the Natural World*（自然世界难解之谜）。利用恐龙消失的秘密，激活学生的背景知识，激发学生的求知欲，引发学生阅读文章的兴趣，培养学生形成科学的批判思维和客观探索自然奥秘的精神，也为本课结束的Mini writing做铺垫。通过"But today, we will not learn mysteries outside China. We'll just mention a mystery happening inside China."这句话导入新课*The Monster of Lake Tianchi*。

第2步：快速阅读，通过阅读文章的起始段（句）猜测文章的出处，训练学生的信息获取能力。要求学生通过阅读文章的起始段（句）猜测文章的出处（如旅游指南、字典、报纸、科学杂志等）和文体，训练学生的信息获取能力。引导学生通过文章和段落开篇词句掌握文章及段落大意，判断文章出处，把握文章的关键信息，得到搭建语篇主题框架的相关暗示，学会快速领会文章主旨，提高快速阅读技能。

第3步：学生依照教师搭建的教学框架进行自主探索，细读语篇，处理细节。由于文章较长，采用了分段细读的阅读方式，步步为营，扎实推进。第一遍阅读课文前三段内容，完成描述天池水怪具体细节的信息表，让学生带着教师呈现的任务阅读，找到问题答案后，全班分为两组，以抢答的方式快速抓取信息，完成表格，全班一起解决遇到的生词、难句等问题。第二遍则细读课文后两段内容，通过填空题、选择题练习考查学生对细节知识的掌握；通过总结课文中科学家和普通民众对待天池水怪的不同看法，提炼自己的观点；然后再通过阅读文中最后一段介绍天池概况的具体信息，科学分析判断，得出客观的结论。

第4步：合作学习，探究知识，运用语言，在深度理解的基础上完成语言输出。在完成文章第一部分阅读后，学生按四人一组合作学习，以采访发问的形式巩固所学语言词汇，在听、说、练的学习过程中输出所学语言知识；在完成第二部分阅读后，教师给出时间朗读全篇课文，然后引导学生厘清文章脉络。在学生阐述对天使水怪这一自然难解之谜的看法的过程中，引导学生揣摩、观察，使用may/might/be likely to have done这一结构；通过口头造句，进一步巩固熟练这一用法。

第5步：评价学习成果。撰写一篇介绍某个自然不解之谜——恐龙消失之谜的短文，正确运用本模块所学短语和词汇，写完后和同桌同学交换批阅。与课堂导入相呼应，在天池水怪的阅读学习中也让学生思考人们对恐龙灭绝的看法，不人云亦云，培养学生科学探索大自然奥秘的精神。

第6步：布置作业。课堂最后一个环节的写作时间比较仓促，但经过课堂上教师的步步引导，相信学生应该对文章的框架结构大体明了了，只需要课后学生在语言上精雕细琢，进一步完善文章即可。因此，作业的布置较为开放，除巩固课文内容相关的习题之外，将本课的写作任务完善一下也不失为一个好主意。

📖 课堂实录

Step Ⅰ：Greetings

Step Ⅱ：Lead in

（1）Play a video of Jurassic Park.

（2）Show a picture of a dinosaur.

T：Have you ever seen the film? As you know, the name of the movie is *Jurassic Park*. And what's the park about?

S：Dinosaurs.

设计意图：创设情境，围绕学习主题，引领框架概念，让将要学习的知识点与学生已有知识网络进行衔接。当学生感觉本堂课的学习内容就是身边熟悉的话题时，他们会迅速进入情境适应角色，这样安排教学可以取得事半功倍的效果。

本课以学生熟悉的侏罗纪公园视频导入，拉近师生之间的距离和亲近感，既使得学生在心理上做好学习准备，也使得原本抽象的"自然界难解之谜"这一话题变得容易接受。

T：Are there any living dinosaurs in the world?

T：Of course not. They might have lived many years ago. And sometimes they live in the films, *right*?

T：Do you know what caused the dinosaurs to disappear from the world?

S：I think that the world has become warmer, so dinosaurs can't live longer and their food becomes less and less.

T：Oh, that's very good. She thinks dinosaurs disappeared because of the weather.

T：Any other different opinions?

S：Maybe there was a volcanic eruption or another star hit the earth.

S：Another planet in the universe hit the earth and caused an earthquake and dinosaurs died in the earthquake.

T：She said a meteorite hit the earth and caused the dinosaurs to disappear.

T：We just talked about the three reasons, but we are not sure which one is true or false. So the death of dinosaurs remains a secret in the natural world.

Today, we will not learn mysteries outside China. We'll just mention a mystery happening inside China. That is：The Monster of Lake Tianchi.

设计意图：这部分内容既密切围绕着本单元模块任务——自然界难解之谜展开讨论，也为课堂结尾的写作任务提示了部分答案，同时为主题单元后续的听力学习内容做了一个很好的铺垫。这样从恐龙消失之谜开始，又回到这一难解之谜中去，既激发学生的学习兴趣，丰富学生的知识，又自然地过渡到本课的学习任务——自然界另一难解之谜（天池水怪）。

（3）Show pictures of new words to explain the words. Come to The monster of Lake Tianchi.

设计意图：以图片形式呈现，学习monster、creature、volcano、volcanic等词汇。这种把英语与实物直接进行联系的方式直观明了，浅显易懂，让学生的多种感官参与记忆，从多种渠道输入的单词学习方式，符合学生用形象、色彩、声音等更便于理解词义的思维特点，使学生对单词的记忆更加牢固、准确。

StepⅢ：Fast reading

T：

Read the 1st sentence of the text and ask the question：Where does the passage come from?

T：

Read the first sentence of each paragraph and answer：How many sightings of the monster does the article report?

T：Can you tell me where the reports are from? Try to find it quickly from the first sentence of each paragraph.

T：How about the 2nd sighting?

T：How about the last one?

设计意图：阅读文章第一句大有奥妙所在。文章第一句直接推出论点，表达文章的中心思想或主题走向。读完第一句后，应能确定文章的中心思想，即便不能确定，也应尽可能地把握文章的讨论走向。这里让学生就课文第一句的"... is back in the news after several recent sightings."判定文章出处，引导学生通过阅读文章的起始段（句）猜测这篇文章出自新闻，并把握文章的主要信息；将学生引入问题情境，建构概念框架中的节点。

StepⅣ：careful reading（Ⅰ）&Role play

设计意图：依据教师建构的语篇阅读框架独立探索知识，领会文章的建构方式。英语阅读最基本的目的是信息提取和加工，因此英语阅读教学中的问题既有低级问题，又有高级问题；既有收敛式问题，也有发散式问题。这些问题都有一个共同特点，要求学生以给定信息为中心进行各种认知操作，提高迅速获取阅读信息的能力。

T：Read the first three paragraphs carefully and fill in the following form and try to find what they have seen.（见表3）

表3　Read the first three paragraphs carefully and fill in the following form and try to find what they have seen

Sightings	Who	Where (people)	Where (monster)	What color	What head	What action
1st	MFy					
2nd	Soldiers					
3rd	L Xh					

T: Let's have a competition. （小组竞赛，提高英语学习积极性）

T: Now you know what the three groups of people have seen. Now report what you have seen to the other students and teachers here.

设计意图：通过理解类似概念的过程，由教师启发、引导学生探索，沿概念框架逐步攀升。帮助学生梳理天池水怪目击情况的知识并厘清文章脉络逻辑。通过这些解释性问题，以填充表格形式表达显得更加清楚明了，使得学生对天池水怪的外观理解和对这篇文章的掌握更容易。

Step Ⅴ: Role play

T: Report about the three sightings in groups of four. I'll show you an example.

设计意图：通过小组合作学习交流探究，加深对之前所学概念框架的全面正确的理解，丰富框架节点的知识积累。要求学生在完成任务的过程中，理解新词汇的含义，熟练掌握课文中天池水怪目击情况的基本内容，以巩固所学词汇与句型。

这属于阅读后问题，其目的是检测，不仅有信息提取上的要求，也有技能训练和思维训练上的要求，因而常有创造性问题和发散性问题，这些都有利于培养学生的阅读能力和口语表达能力。

Step Ⅵ: Read and judge whether there are monsters or not

T: So why are scientists skeptical about the existence of the monster? （Show several pictures of Lake Tianchi.）

T: Read the last paragraph and fill in the blanks in the form（见表4）.

表4 Fill in the blanks in the form

Height	
Area	
Depth	

T：Complete the following passage structure.

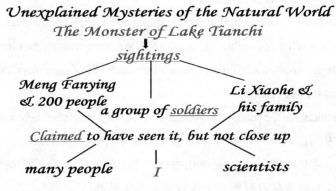

Unexplained Mysteries of the Natural World
The Monster of Lake Tianchi
sightings

Meng Fanying & 200 people   *a group of soldiers*   *Li Xiaohe & his family*

Claimed to have seen it, but not close up

many people   *I*   *scientists*

设计意图：在整个课文阅读中，始终返回到文章框架结构这个图片，目的是让学生时刻把文章结构牢记在心，高屋建瓴地把握文章脉络，有了文章构建的清晰结构，对文章的理解自然更加透彻，从而完成对所学知识的意义建构。另外，通过分析、综合和归纳等思维方式，层层深入，层次分明，有助于学生深层理解文章结构，明确阅读目的，培养训练阅读技巧。同时放手让学生自己探索，让学生在自己形成的概念框架中完成语言的输入。

Step Ⅶ：Grammar focus

Show some pictures to develop students' critical thinking and learning to use the grammar concerned.

T：Read the text aloud from the beginning to the end to review what we have learned in this class.

（总结本课学习内容，回顾本课所学知识，让学生自然接受。）

T：Whatever the creature is，we should judge everything scientifically. I hope that you can judge things like this.

设计意图：结合长白山天池地理位置和目击者对天池水怪的描述，拓展学生的文化背景知识，剖析感悟生活实践，做出合理、科学的判断。俗话说："观千剑而后识器，操千曲而后晓声。"让学生在边学习边借鉴的同时，关注他人和社会，积极拓展知识面，理解事物并做出正确和判断，培养学生不断探索大自然奥秘的精神。

Step Ⅷ：Movie time and Mini writing

T：At the beginning of the class, I mentioned the death of dinosaurs, another unexplained mystery of the world. Some people say a meteorite hit the earth; some say they stopped laying eggs.

Let's watch a movie about dinosaurs fighting and killing each other.

T：That's another reason for the death of it. We have another picture here.

T：There are so many different reasons for the death of dinosaurs. Now let's ask some scientists for suggestions.

Write the middle of the passage by yourself, using may /might/be likely to have done.

设计意图：在这个环节中，学生通过这种学习的"脚手架"，在真实性的活动中，逐渐内化框架知识。教师放手让学生自主决定探索的方向和问题，将监控学习和探索的责任以教师为主向以学生为主转移。

Step Ⅸ：Students' presentation

Dear experts,

I'm a student from Weihai No. 2 Middle School. I've heard of several reasons for the disappearance of dinosaurs.

They may have died because of the meteorite. And then the environment may have changed. After that dinosaurs converted into other species...

Whatever the reason is, I believe in science.

Looking forward to receiving your explanation.

Yours sincerely,

设计意图：本课通过教师的引导，学生结合本模块语法may/might/be likely to have done解释恐龙消失之谜，与课堂导入首尾呼应，并结合本模块内容自然过渡，对自然界不解之谜做出合理解释。在展示成果之前，同桌之间合作相互批改作文，指出不足，然后全班呈现作文，由其他学生和教师一起对学习成果进行评价，实现学生对自己的认知过程及结果的有效监视及控制。

Step Ⅹ：Summing up and homework

作业布置主要分为两大项：一是继续对课上未完成的作文精加工，使之更加完善；二是完成课后练习，巩固课堂所学内容。

语法项目的支架式教学设计

支架式教学模式有助于教师为学生搭建清晰的语法学习支架。语法教学是语言知识教学的一个重要方面。我们现在对于语法教学存在一些所谓的误区。首先，要不要教语法？其次，要不要淡化语法教学？我们认为语法教学是必要的，语法是语言的规则，是概括的语言规律。掌握了这些规则和规律，学生就能高效地学习。虽然有人常常提到淡化语法教学，但是从来没有人清楚地定义过，什么是"淡化"？为什么"淡化"？淡化可以理解为少讲语法，让学生自己去发现语法规则，也可以理解为少讲多练等。

本篇教学案例用支架式教学模式进行设计，充分地演绎了语法教学的魅力。让学生从恐惧语法到喜欢语法，具体操作可以总结为以下三点：

（1）课堂中大胆地尝试让学生的"生成"狠狠地冲击教师的"预设"。在这份案例中，教师设计了很多的预设答案，其目的是鼓励学生自主探究和创新。

（2）在保证教学目标顺利完成的过程中，教师设计了科学合理的评价方案。例如，在对时间状语从句的评价中，教师设计了由浅入深的三层评价机制，即"心有灵犀三句通"、完成一个有情境的小语篇练习、自主编造一个有关时间状语从句的故事。通过这三种不同难度的评价方案，保证了教学目标的顺利完成。

（3）本案例充分体现了教授状语从句的一般模式：呈现—练习—产出，并用归纳法的呈现方式呈现语法。在归纳法中，教师提供状语从句的实例，学生从中发现语法规则，然后通过三个层次的练习（机械练习、有意义练习和交际练习），使产出在语法练习的各个层次中都有所体现。交际练习的产出是在对相应的状语从句的检测环节中的交际语境下产出的。这种语法练习对于掌握语法规则是很有必要的。

这节语法课最大的亮点就是对学生"放手"，即切实地把"学生的主体地位，教师的主导地位"这一思想落到实处，充分地挖掘了蕴含在学生当中的巨大"教学资源"和无穷尽的创新精神，用学生的视角看待问题、分析问题并解决问题。

既然给了学生很大的"自主权"，就要充分保证这些"自主权"能够被充分合理地利用，避免"放"任自流，同时保证提高小组活动各个击破环节的实效性。"心有灵犀三句通"这个环节主要是让学生针对本小组归纳的状语从句的核心部分造句，然后部分留空，待到展示环节时，面向全体提问。（其实最好是以小篇章的形式进行，但是考虑到时间问题只好退而求其次）一来可以检验小组内成员的掌握情况，二来也可以从学生自己易错的角度再次考查其他的学生。当然这个环节不能当作对各个状语从句进行检测的最终手段，教师需要提前针对各个状语从句做好检测预案，现场需要根据学生掌握的情况有选择、有重点地进行讲解。这样，检测环节就可以从学生和教师两个视角来进行考查，既尊重了学生的主体地位，又避免了教师先入为主的判定，还提高了课堂效率。

对"心有灵犀三句通"这个环节的思考：

（1）不能过于依赖这个环节，绝不能简单、草率地把它当作对教学目标1的检测。

（2）提供了一个从学生的视角理解状语从句的机会以及小组展示（"学生教学生"）之后，了解其他学生初步的掌握情况。

（3）能不能在班上找到"有缘人"，概率极低。即便是真的找到了，也都是课堂的"附属产品"（提高语法课的趣味性）。课堂真正需要关注的是，出题学生的答案和回答学生的答案有没有错误，错误在哪儿，如何纠正。

对小组合作环节制定竞赛规则：

（1）故事内容不限，但要求至少出现5种以上的状语从句。（保护并鼓励学生的创新精神）

（2）代表小组展示的人选是随机被教师选定的。（更好地检测教学目标2中的"绝大多数学生"，同时提高小组合作的实效性）

（3）故事需要落实在笔头，不需要口头表达。（教学目标中没有对语言技能"说"的要求，再加上书面投影展示的时候，可以更加清晰地检测到学生有

可能出现的问题，如时态等，这些错误如果通过口头表达，不易发现）

（4）被教师选中代表小组"讲故事"的学生还要担负来自教师和其他学生对故事的"答疑解惑"。（避免"讲故事"的学生只是充当了小组成果的"复读机"，这就需要所有的学生都要深刻理解"故事"中的各种"玄机"）

教学流程

教学流程见表1。

表1 状语从句表

教学环节	教学目的	学生活动	教师活动
Step 1："情书"导入，激发兴趣	为教学目标的情境创设引入做铺垫	了解学习任务、目标	展示学习任务、目标
Step 2：纠错练习，自我评价	进行有针对性的学情分析	小组内讨论、确认练习答案	巡视、答疑、提问
Step 3：小组合作，归纳总结	合作学习，为教学目标1中时间状语从句服务	学生核对、修改答案并小组讨论解决疑问	巡视、答疑、了解学情
Step 4：教师点拨，进行示范	教师搭建学习之家，提供语法支架线索	学习时间状语从句的内容，同时学习归纳方法	引导学生归纳、总结知识要点，点拨要点，组织练习
Step 5：语篇检测，自我评价	独立探索，自我评价	独立完成语篇检测	巡视、了解学情
Step 6：小组合作，各个击破	合作学习，共同成长为教学目标2热身	小组完成给定状语从句的归纳	巡视、了解学情
Step7：成果展示，互相评价	成果展示，进行评价服务教学目标1	展示成果；对成果进行评价	倾听、评价、解疑
Step 8：语篇检测，自我评价	搭建框架，自我评价完成教学目标1	独立完成相关的检测	巡视、答疑、了解学情
Step 9：布置作业，提高巩固	梳理知识框架，回扣教学目标	记住作业，课后完成	展示作业，课堂小结

📖 **教学设计**

课程标准要求：总结所接触语言材料中的语言规律并加以应用，发展语言运用能力，特别关注语言知识的表意功能。

📖 **教学目标**

（1）在教师讲解、示范之后，通过小组合作，学生能够较为全面地总结并归纳出各个状语从句的核心内容，包括引导词、时态以及注意事项等。

（2）在小组合作的基础上，绝大多数学生能够以篇章的形式规范、准确地使用各种状语从句。

📖 **教学流程**

环节一："情书"导入，激发兴趣

教师活动1：抓住学生的好奇心理，利用一封缺失了状语从句引导词以及没有时态配合的"情书"，说明状语从句中引导词和时态呼应的重要性。

Teacher: If somebody gives you such kind of a letter, what will you think about?

I know you, I know what I am looking for. I wait the last possibility. Nobody stops my doing so, you do. That means too much to you, leave me alone. But you do, you go, I am still here waiting.

Teacher: You seem confused? Oh! I forgot to tell you I just left out some words! Now read it again, and tell me your feeling.

The first time I knew you, I knew what I was looking for. I'll wait until the last possibility. Nobody will stop me doing so, unless you do. If that means too much to you, leave me alone. But whatever you do, wherever you go, I'll still be here waiting.

Teacher: Now you must find out it is a love letter! What makes you understand this letter better? （状语从句的引导词）Have you found any other changes? （时态）

学生活动1：体会状语从句中引导词和时态的"魔力"（见表2）。

表2　状语从句表

引导词	when，while，as，the moment，before，after，till，until，since，as soon as，etc
时态呼应（关键词）	1.主句将来，从句现在。 2.since时态
注意事项（关键词）	1.when，while，as的区别。 2.be doing/had（just）done ... when ... 3.before 的翻译。 4.until延续与否。 5.表时间的名词短语当连词
心有灵犀三句通	1._____，it began to rain. 2.I don't go to bed_____it is 10 o'clock every day. 3._____ I saw you，_____

从表2中体会状语从句中引导词和时态的"魔力"。

设计意图：创设学习情境，呈现学习任务。克服对语法"枯燥"的认识。状语从句纷繁复杂，从哪儿下手是个问题。这封小"情书"，可以在潜移默化中引导学生关注状语从句的引导词和时态，从而为实现教学目标1铺路。

环节二：全班动员，攻克难点

教师活动2：再次聚焦"情书"中的第一句话，引出时间状语从句。

Q1：What kind of adverbial clauses are the first two sentences of the love letter？（时间状语从句）

Q2：How much do you know about the adverbial clauses of time？Here are some sentences for you.

Requirements：

（1）Find out the mistakes，if any；correct them if possible.

（2）Put sentences into Chinese.

①I was doing my homework as my mother came in.（be doing ... when ...）

②Girls are cleaning the windows while boys are playing.（when /as/while的区别）

③It will be a long time when we will meet again.（before 翻译/从句时态问题）

④I will（not）stop trying until I will succeed.（until延续性/从句时态问题）

⑤ I didn't see her ever since.（since时态）

设计意图：提供状语从句支撑框架，给予状语知识小线索。之所以选择先拿时间状语从句"开刀"，是因为时间状语从句是9个状语从句中最烦琐也是最容易出错的一个。另外，通过"改错"形式可以较为有效地尊重学情，根据学生现场的掌握程度来决定讲解的重点，也为下面学生的归纳总结提供基础和支撑。考虑到学生归纳时的全面性问题，所给出的句子基本涵盖了时间状语从句需要注意的主要方面。

学生活动2：独立完成上述纠错练习，并小组核对答案。讨论归纳出有关时间状语从句的要点，并完成下面表格。

教师活动3：巡视各个小组的完成情况，及时给予指导。

设计意图：以上部分为预设的学生的答案。从状语从句最重要的引导词和时态入手，并针对不同的状语从句有不同的注意事项，引导学生抓住各个状语从句的核心内容，让学生提前感受这种通过小组合作分析研究，得出结论的学习模式，为接下来小组独立开展活动奠定基础。

（注：游戏——寻找"心有灵犀有缘人"。教师出示有针对性考查的时间状语从句，让学生尝试通过逻辑关系正确补全剩余部分。寻找能跟出题人想法契合的"有缘人"。此部分旨在考查学生对于引导词精确意义的理解是否到位，即"心有灵犀三句通"，也为下面学生之间的自检自测做热身。当然，如果能够缓解学生对语法课的枯燥印象，那就更好了。）

学生活动3：展示小组合作后，有关时间状语从句的表格内容。

教师活动4：调整并完善学生的表格。

评价说明：这个环节紧密围绕教学目标1。何为"较为全面地总结归纳"？以时间状语从句为例，如关于"引导词"部分，学生不需要答出所有的引导词，只要能说出同类型引导词的其中几个就可以，如"表时间的名词短语"这个类别，学生说出the first time或者each moment等就可以了。总体数量上能达到该状语从句引导词的80%左右就算合格。

"时态"部分，需要学生总结教师预案中的全部条目才算过关。

"注意事项"部分，学生要回答教师预案中80%以上的条目才算过关。例如，对于5道纠错题中出现的"注意事项"答出4条才算过关，时间状语从句条目非常多，至于其他的注意事项，如until或hardly等放句首，如果有学生提到需要倒装，教师应给予表扬，但不对全体学生做要求。

"心有灵犀三句通"部分，由于受限于几句话难以较为综合地考查学生的掌握情况，不能作为检验教学目标1的最终手段，充其量也就算是抽查，所以学生如果能够全部填写，并且符合逻辑、时态等要求，只能算初步完成了教学目标1。但是，如果填写有误，则视为不合格。

下面其他状语从句的表格填写的评判也参照这个标准。

教师活动5：出示下面这份检测，让学生独立完成，并小组内订正。

Last night, I had just finished my supper when the telephone rang. （可是我还没来得及去接电话，它就不响了。）Then I went on cleaning the dishes while my husband watched TV. The second time it rang, I hurried to pick it up. But I failed again. So I waited and waited until it rang for a third time. The same thing happened again!

I have lost（lose）my patience since I last picked it up! It's said you will be crazy when you are waiting for something crazy!

设计意图：至此，我们完成了在尊重学情的基础上对时间状语从句的总结，并通过"心有灵犀三句通"环节进行初步检验，已经到了全面考查的时候了。这个有关时间状语从句的小篇章包括了之前所强调的所有要点，可以比较全面地考查学生的掌握情况。

评价说明：学生如果能全部答对这份含有8个采分点的检测，就算完成了教学目标1中有关时间状语从句部分的要求；得6分以上的学生算作基本完成，得6个以下的学生视作没有过关。

环节三：小组合作，各个击破

教师活动6：重新分析"情书"，找出"情书"中所包含的状语从句，引导学生尝试说出其他类型的状语从句（地点状语从句、原因状语从句、目的状语从句、结果状语从句、条件状语从句、方式状语从句、比较状语从句、让步状语从句）。

Q1. In the above love letter, how many adverbial clauses are there? And what are they?

Q2. What kind of other adverbial clauses do you know? And what are they?

学生活动4：在教师的引导下，学生能回答出"情书"中所包含的时间、条件、让步状语从句，并以抢答的形式罗列其所知道的其他类型的状语从句。

设计意图：在这个环节中，学生如果不能回答出全部状语从句的种类并无大碍，教师可以提示并补充。

教师活动7：剩下的8个状语从句，分到8个组当中，要求按照"时间状语从句"的模式，以小组合作的形式分别完成其他状语从句的表格（见表3）。教师在此过程中务必做好调控和指导。

表3　Cooperate with your group members and fill in the following table

引导词	
时态呼应（关键词）	1. 2. …
注意事项（关键词）	1. 2. …
心有灵犀三句通	1.　　　　　—designed by＿＿＿＿＿ 2.　　　　　—designed by＿＿＿＿＿ 3.　　　　　—designed by＿＿＿＿＿

学生活动5：小组内完成各自承担的状语从句任务。

设计意图：

让学生整理归纳其他状语从句的原因有以下三个：

（1）这毕竟是一节复习课，学生之前对状语从句已经有过学习，所以这样做更能体现复习课高效、综合的特征。

（2）先前的时间状语从句已经在操作层面上为学生做了示范，可以让学生在操作时少走弯路。

（3）让学生总结，更能发现学生掌握的问题和不足，有利于教师进行有针对性的教学，避免语法课教师单方面的面面俱到，效率低下。

学生活动6：分组展示小组讨论的成果。

教师活动8：根据各个小组呈现的结果，给予适当的点评以及必要的增补、删减和完善。

设计意图：各个小组展示的过程其实就是一个"学生教学生"的过程，要求全组学生针对表格中的不同部分，分别进行总结和展示，并负责接受和回答其他学生的提问和质疑。这就要求每一个学生在小组准备的过程中要充分参与，认真"备课"，以提高小组活动的实效性。

评价说明：教师依然要对每个状语从句的教学目标1的检测提前准备一个相对应的篇章预案，根据学生的掌握情况决定是否使用。这部分内容都属于课堂新生成的内容，教师要根据实际情况，灵活地借鉴先前"时间状语从句"的评价方法。

展示课前制作的状语从句思维导图，对相关的重点内容，尤其是对前面各个检测环节中学生还没有过关的部分，再次进行口头提问。

设计意图：思维导图有利于学生对纷繁复杂的状语从句形成一个完整、系统的总结，同时再一次地查漏补缺。

评价说明：如果学生回答正确，视作其对教学目标1中相关状语从句的相关部分已经过关；如果学生不能正确回答，则判定其为不合格。

环节四：故事竞赛，成果展示

教师活动9：宣布竞赛规则，同时出示"评价细则表"（见表4）。

表4　评价细则表

	优秀（满分）	良好（1/2）	一般（零分）
引导词使用（8分）			
时态呼应（6分）			
其他错误（4分）			
整体逻辑（2分）			

学生活动7：小组合作，按照要求编故事。

设计意图：合作学习，探究互助。这是学生对所有状语从句进行综合运用的过程。在一个较短的篇章中，如果同时要求出现9种不同的状语从句，难度很大，而且有可能发生为了状语从句而状语从句的情况，违反了语言作为一种交际手段的原则，所以只提出了5种。之所以要求以"篇章"的形式，是因为这样可以更好地检测状语从句引导词使用是否合理，从而解决篇章是否连贯的问题。制作的"评价细则表"既可以让学生明白本次编故事的评分侧重点，也可以为小组间进行评判提供依据。

学生活动8：展示自编自创的"状语从句小故事"。其他小组则根据"评价细则表"进行评判。

评价说明：个体评价、同伴互评和教师评价相结合。从这里开始，进入对教学目标2的具体检测中。这个评价环节采用小组间评价。教学目标2中"能够以篇章的形式"的评价标准是"评价细则表"当中的"整体逻辑"体现，虽然貌似是一个篇章，但是如果逻辑混乱，或者过于荒诞不经，都不能算作一个流畅的篇章。（出现逻辑方面的问题多半是引导词选择方面的问题）

之所以需要提前规定"代表小组展示的人选是随机被教师选定的"，就是为了完成教学目标2中的"绝大多数学生能够以篇章的形式规范、准确地使用各种状语从句"。这样小组在准备的过程中，就会避免出现只有几个学优生在忙展示发言，而其他学生无事可做的情况。当然，教师在选择展示人选的时候可以侧重小组内中游偏下的学生，他们完成得好坏可以较为准确地反映教学目标2的达成情况。

另外，教学目标2中的"规范、准确"的评价方法，延续了之前对各个状语从句的评价方法，即引导词、时态和注意事项三个角度。其各自侧重的比例在分数上也有体现。总分20分，得到15分以上，即可认定其完成了教学目标2。

教师活动10：学生展示结束后，教师要根据展示情况调动学生兴趣，出示一则留好空的故事——"想听听老师编的故事吗？"让学生填写。

<u>Wherever</u> you go in China, you can see the sights of a civilization which is over 5,000 years old. <u>Even though</u> large parts of the big cities have modern buildings, there are still famous imperial palaces. <u>If</u> you walk there, you will see history in the countryside, such as the Great Wall and the ancient trade route of the Silk Road. <u>Because</u> some visitors are so interested in sightseeing, they think that there is too much to take in. <u>As long as</u> you have a good guidebook, you'll be able to understand something of the history of this extraordinary country. But remember to take a large bag <u>in case</u> you see something you want to buy, <u>for</u> everyone enjoys shopping for souvenirs.

学生活动9：独立完成上述练习。

设计意图：教师设计的这个环节其实是个预案，如果小组提交的故事中有非常优秀的案例，教师可直接采纳学生的故事来分析其中具体的状语从句，效果会更好。如果小组提交的故事中没有可以当作范例的故事，教师使用预案即可。这要求教师在学生小组各自编故事的过程中做好观察和调控。但是无论采用学生的作品还是教师事先编好的预案，这个环节的目的是对本节课两个教学目标的达成情况同时进行一个较为综合的检测。

环节五：自我反思，查漏补缺

Homework：

（1）要求每个学生用自己到现在为止还没有掌握的一种或几种状语从句各造一个句子，并在小组内交换意见并订正。

（2）各个小组成员再次编一个小故事，要求必须用到本小组展示时没有用到的那些状语从句。

设计意图：俗话说，最了解自己的人莫过于自己。这个作业设计的初衷就在于此，这也是对学情的进一步了解。状语从句纷繁复杂，只有45分钟的课堂时间，我们只能满足教学目标2中"绝大多数学生能够以篇章的形式规范、准确地使用各种状语从句"，那么还有"绝小部分"语法基础非常差的学生怎么办？作业1就是针对这剩下的"绝小部分"学生而准备的。当然作业2则是针对"绝大部分"学生布置的，算是对本堂课状语从句的最后一次把关和检测了。

第四章

以真实性任务驱动主题课堂教学活动

认识任务型教学模式

任务型教学（Task-based Language Teaching）是指教师通过引导语言学习者在课堂上完成任务来进行的教学。这是20世纪80年代兴起的一种强调"在做中学"（Learning by doing）的语言教学方法，是交际教学法的发展，在世界语言教育界引起了人们的广泛注意。近年来，这种"用语言做事"（Doing things with the language）的教学理论逐渐引入我国基础英语课堂教学中，是我国外语课程教学改革的一个走向。该理论认为，掌握语言大多是在活动中使用语言的结果，而不是单纯地训练语言技能和学习语言知识的结果。在教学活动中，教师应当围绕特定的交际和语言项目设计出具体的、可操作的任务，学生通过表达、沟通、交涉、解释、询问等各种语言活动形式来完成任务，以达到学习和掌握语言的目的。任务型教学法是吸收了以往多种教学法的优点而形成的，它和其他教学法并不互相排斥。

任务型教学法属于以学习为中心的教学法，主要关注外语教学的认知过程和心理语言学过程，力图为学习者提供机会，通过课堂上以意义为焦点的活动，参与开放型的交际任务。任务型教学法的课堂操作程序表现为一系列的教学任务，在任务履行过程中，学习者注重语言交际的意义，充分利用自己已经获得的目的与资源，通过交流获取所需信息，完成任务，其学习过程是沿着开放的途径达到预期的教学目标。

一、任务型教学的基本要素

1. 目标

如同日常生活和工作中的任务一样，教学任务首先具有目的性，也就是说，教学任务应该具有较为明确的目标指向。如前所述，这种目标指向具有两重性：一是任务本身要达到的非教学目的；二是利用任务所要达到预期的教学目的。例如，在"案件侦破"任务中，其目的是根据不断增加的线索进行讨论推理，直到最后找出罪犯。但设计任务所期望达到的教学目标则可能是通过完成任务过程中所产生的语言交流感受语言，提高语言意识和交际能力，并在交际过程中应用诸如表示假设、因果关系，或"肯定""可能""也许"等一类目的语表达形式。作为促进学习的教学任务，教师应更多地关注它的教学目的。

2. 内容

任务的这一要素可简单地表达为"做什么"。任何一个任务都需赋予它实质性的内容，任务的内容在课堂上的表现就是需要履行的具体的行为和活动。

3. 程序

程序是指学习者在履行某一任务过程中所涉及的操作方法和步骤，在一定程度上表现为"怎样做"。它包括任务序列中某一任务所处的位置、先后次序、时间分配等。

4. 输入材料

输入材料是指履行任务过程中所使用或依据的辅助资料。例如，前文提到的"案件侦破"任务，就需要准备打印在若干张纸条上的一系列线索，任务从第一条线索的推理和讨论开始，在不能得到肯定的结论时，依次增加线索，直到真相大白。输入材料可以是语言的（如新闻报道、旅游指南、产品使用说明、天气预报等），也可以是非语言的（如一叠照片、图表、漫画、交通地图、列车时刻表等）。尽管有些课堂任务并不一定都要使用或依据这样的输入材料，但在任务设计中，通常提倡准备和提供输入材料，使任务的履行更具操作性，以便更好地与教学结合。

5. 教师和学生的角色

任务并非都要明确教师和学生在任务履行中的角色，但都会暗含或反映教师和学生的角色特点。教师既是任务的参与者，也是任务的监控者和指导者。在任务设计中，应考虑为教师和学生进行明确的角色定位，促进任务更顺利、有效地进行。

6. 情境

任务的情境要素是指任务所产生和执行的环境或背景条件，包括语言交际的语境，同时涉及课堂任务的组织形式。在任务设计中，应尽量使情境接近于真实，以提高学生对语言和语境之间关系的意识。

二、任务型教学的基本原则

1. 真实性原则

真实性原则是指在任务设计中，任务所使用的输入材料应源于真实生活，同时，履行任务的情境以及具体活动应尽量贴近真实生活。当然，"真实"只是一个相对概念，任务设计的真实性原则并不完全反对非真实语言材料出现在课堂任务中，但有一点是肯定的，就是要尽可能创造真实或接近于真实的环境，让学生尽可能多地接触和加工真实的语言信息，使他们在课堂上使用的语言和技能在实际生活中同样能得到有效的应用。

2. 形式／功能原则

传统语言练习的最大不足之处便是语言脱离语境，脱离功能，学生可能知道不同的语言形式，但不能以这些形式得体地表达意义和功能。形式／功能原则就是在真实性原则的基础上，将语言形式和功能的关系明确化，让学生在任务履行中充分感受语言形式和功能的关系以及语言与语境的关系，以增强学生对语言得体性的理解。

3. 连贯性原则

连贯性原则涉及任务与任务之间的关系以及任务在课堂上的实施步骤和程序，即怎样使设计的任务在实施过程中达到教学上和逻辑上的连贯与流畅。任务型教学既不是指一堂课中穿插了一两个活动，也不是指一系列活动在课堂上毫无关联的堆积。任务型教学是指教学中通过一组或一系列的任务履行来完成或达到教学目标。在任务型教学中，一堂课的若干任务或一个任务的若干子任务应是相互关联，具有统一的教学目的或目标指向，同时它在内容上是相互衔接的。

4. 可操作性原则

在任务设计中，应考虑到它在课堂环境中的可操作性问题，应尽量避免那些环节过多、程序过于复杂的课堂任务。必要时，教师要为学生提供任务履行或操作的模式。

5.实用性原则

任务的设计不能仅注重形式，而不考虑它的效果。课堂任务总是服务于教学的。因此，在任务设计中，教师要避免为任务而设计任务。设计任务时要尽可能为学生的个体活动创造条件，利用有限的时间和空间，最大限度地为学生提供互动和交流的机会，达到预期的教学目的。

6.趣味性原则

任务型教学法的优点之一便是通过有趣的课堂交际活动有效地激发学生的学习动机，促使他们主动参与学习。因此，在任务设计中，很重要的一点便是考虑任务的趣味性。机械的、重复的任务类型使学生失去参与任务的兴趣，因而任务的形式应多样化。需要注意的是，任务的趣味性除了来自任务本身之外，还来自多个方面，如多人的参与，多向的交流和互动，任务履行中的人际交往、情感交流，解决问题或完成任务后的兴奋感、成就感，等等。

"人与自我"主题语境下的任务型教学策略

自20世纪80年代任务型教学兴起（Prabhu，1987），许多研究者就提出了教学任务的设计标准、原则以及任务设计中需要考虑的问题。Little John和Hicks（1987）为任务设计设置了五个标准，即延长话语（持续使用语言）、信息差、不确定性、目标导向和实时处理。延长话语（持续使用语言）与王初明（2004）提出的"写长法"有相似之处。他们认为，在设计英语学习任务时，应以"写长、说多"为任务目标，尽量设计能鼓励学生多写、多说的任务，以激发学生输出的成就感，从而开发学生的学习潜力。

基于以上研究，在高中英语教学中，本着衡量学生实际学习能力、发挥学生最大潜能的原则，以最优化的观点设计教学方案，力求取得最优的教学效果。下面以*No Drugs*（禁毒）一课为例，谈谈如何以"写长、多说"为任务目标，通过设计接近真实生活的任务，帮助学生获取、处理和转换信息，达成用英语做事情的任务。

一、确定"写长、多说"的课时任务，激发学生语言输出的成就感

本节课主要围绕单元主题"远离毒品"展开。文章的结构分两小篇：一篇文章介绍一个中学生吸毒成瘾的故事，另一篇文章介绍可卡因的危害。这两篇文章看似独立，实则密切相连，既陈述了毒品的危害，又揭示了中学生身受毒品毒害的社会现象。文章明则围绕"吸毒有害"这个主题展开，暗则告诫学生"远离毒品"。

针对这样的内容，教师不妨把它开发成"发起学校禁毒倡议"这一最终任务。这样让学生在陈述毒品危害、说出禁毒观点的同时有效地输出当堂获取

的语言知识点和语言技能，同时通过发出倡议让学生基于自身的生活经验，处理、转换输入信息，发展学生的综合语言运用能力和提高学生终身学习能力，挖掘主题意义，为学生形成正确的价值观提供平台。在此，设计的课时任务和教学小目标分别如下。

课时任务——发起学校禁毒倡议。

教学小目标1：理解课文，学会与毒品相关的单词短语。

目标1在于要求学生能从实际运用语法结构的角度，学习并掌握新词汇、新短语，逐步排查阅读难点。

教学小目标2：了解毒品对个人身体健康和社会的危害。

目标2在于尊重学生的主体地位，鼓励学生将已有的知识经验与新的知识经验相联系，在学习过程中衍生出新的观点和结论，使学生收获成功的满足。

教学小目标3：说出你的禁毒观点和理由。

目标3在于运用英语教学中的语用移情策略，站在学生的立场上陈述对这一社会现象的看法，鼓励学生发表不同的见解和观点，让学生有相互交流的机会，同时教师可以及时得到教学反馈。

课时任务的完成要求"写长、多说"，学生已经在完成难度逐级增强的教学小目标的过程中，反复操练课文主题"远离毒品"的相关词汇。因此，对于他们来说，经过整合信息再加工后，创造性地完成"发起学校禁毒倡议"这一清晰且贴近真实生活的演讲已经水到渠成，并且在这个环节中，学生有充分的机会选择他们想说的话和说话的方式，只要在语言输出的过程中辅以语言演讲形式，用实时处理（应变）能力建构语言知识结构，便能够自然、熟练地输出语言，而学生必定能获得语言输出的成就感，教师也能达成育人与育才的双目标。

二、设计信息转换、信息补差和意见差等交际任务活动，帮助学生逐级完成课时任务

在设计课时的整体任务和细致目标后，深入设计读前、读中和读后活动的具体内容和细致步骤。这些交际任务活动的目的是，帮助学生在运用英语的交流过程中，通过表达、沟通、交涉、解释等各种语言活动形式高效互动，寻找学习点，操练语言，从而循序渐进地掌握知识，顺利完成课时任务。依据这个

原则，我设计了以下交际任务活动穿插其中。

学习活动1：信息差任务活动

学生两人一组，一起完成课本第12页第一篇小文章的阅读。学生A阅读文章，学生B完成相应的一张表格，表格缺少一些相应的文章信息。学生B要完成这张表格任务必须先对知识有一个提前预测，然后要与学生A用目的语进行交流沟通，当学生B在学生A的转述与回答中填好表格后，一个关于"吸毒瘾君子"的小档案就产生了。这种传递信息、获取信息、用英语互动交流的过程促进了学生真实的语言交际，加快了学习语言结构和词汇重点的进程。（见表1）

表1　Fill in the following table with the help of your partner and retell

Title	*NO Drugs*	
Article1： A drug addict and history	Name	19
	Used to be	
		15
	Lasting time for using cannabis	
		Crack cocaine

学习活动2：信息转换任务活动

根据课文中第二篇小文章描述可卡因的特点，我设计了一张表格，让学生填写可卡因的特点与使用可卡因的方法及其危害。学生先阅读课文，再根据课文内容填写表格，最后再利用这张表格复述可卡因的危害，完成信息转换练习。通过这种方法，不仅帮助学生厘清了这篇小文章的文章脉络，还锻炼学生概括文章大意的能力，为课时任务的"禁毒倡议"完成了语言习得，储备了"语料库"。（见表2）

表2　Fulfill the following table and retell it to your partner

Article1： The dangers of using cocaine	Character（特点）of cocaine	
	Ways of using cocaine	

学习活动3：意见差任务活动

让学生先阅读以下一小段我补充的新闻调查，追踪中国目前青年"瘾君子"的真实数据；然后让学生分组讨论，各抒己见，探讨应该给予"瘾君子"哪些忠告和建议（至少3条），以及如何奉劝没有吸毒的人远离毒品（至少3条），并陈述相关理由（至少3条）；最后各小组汇总讨论结果，并以小海报的形式将它向全班同学汇报，其他小组在听的过程中给该小组打分，然后评出"最佳意见"小组。学生在这种"开放式任务"中引发更多的交流、沟通与协商。教师督促学生在顺利完成语言输出的基础上，进一步整合已有的生活经验、学习经验和语言经验，重塑对中学生吸毒这一事实的客观看法。这个学习活动不仅再一次丰富了课时任务"禁毒倡议"的语料库，而且能够提高学生的语言表达能力。

新闻调查：

A horrible fact about drug addicts（关于瘾君子的惊人事实）

On January 1st, 2012, the Chinese government reported there were about 1, 780, 000 young drug addicts in China. They take up（占）87% of the whole drug population. 90% of them first took drugs because their friends invited them to.

在任务型教学中，本着任务之间互相依赖的原则，精心设计课时任务，把课堂交际小任务穿插其中。课堂的每项活动应密切相连，每一项活动都在为下一个任务做铺垫，学生必须通过完成一个任务得到所需要的信息和知识，然后运用这些"禁毒"小知识来完成下一个任务，最终水到渠成地进行最后的课时任务——"发起校园禁毒倡议"。该设计既重视课时任务的真实性原则，又注重教学小目标通过多种任务来实现的过程。通过设计出有意义的交际任务，培养生生之间运用英语恰当地交流的交际能力，发展学生的英语思维能力与表达能力，最终实现对学生自我完成任务的能力和策略的培养，提高学生的语言综合素养和交际能力。（见表3）

表3　普通高中英语课程主题语境内容要求（No Drugs）

主题语境	人与自我
主题群	生活与学习
主题语境内容要求	健康的生活方式、积极的生活态度
核心概念	珍爱生命，远离恶习，形成正确价值观
语篇标题	No Drugs（禁毒）

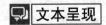 文本呈现

No Drugs

My name is Adam Rouse. I'm 19 years old and I used to be a drug addict. I first started using drugs when I was 15. I bought cannabis from a man in the street. I continued to buy cannabis from the same man for about six months. One day, he offered me some crack cocaine.

Cocaine is a powerfully addictive drug. Some drug users inject cocaine, others smoke it. Both ways are dangerous. Users who inject the drug are also in more danger if they share needles with other users.

Crack cocaine is the most addictive form of cocaine. Users become addicted to crack cocaine much more easily if they smoke it. Smoking allows cocaine to reach the brain very quickly.

When I went back to the man again, I wanted more crack cocaine. But he asked me for a lot of money. I didn't have enough money so he didn't give me any drugs. I was in terrible pain. The next day, I broke into a house and stole a television and a video recorder. I took them to the drug dealer. He told me to take them to a shop in a nearby street. The man in the shop gave me some money. I took the money to the drug dealer and he gave me some more crack cocaine.

Using cocaine increases the user's heart rate and blood pressure. As a result, cocaine users sometimes have heart attacks. Smoking crack cocaine also causes anti-social behaviour.

By this time, I was addicted to crack cocaine. If I didn't have any drugs, I was in terrible pain. And I had to steal something every day to pay for the drugs. One day, the police took me to the police station. The next day, a doctor came to see me. He told me that I could die if I didn't stop taking crack cocaine, so I took his advice and stopped immediately.

Now I work in a centre for drug addicts, helping others to stop taking drugs.

"人与社会"主题语境下的任务型教学设计（I）

任务型教学法具有结构性，其基础和核心是任务，以任务为中心来组织教学。学生在教师的指导下通过履行各种任务，以参与、体验、互动、交流、合作的学习方式，充分发挥自身的认知能力，调动已有的语言知识，在实践中感知、认识、应用所学的语言，以实现在做中学、在用中学。

这是一个堪称经典的任务驱动型教学案例，充分体现了"以学生为主体，以任务为中心"的教学理念。教师通过设计真实的任务，让学生在接触和加工真实的语言信息的基础上，体验"在用中学，在学中用"，真正地做到"Learning by doing"。

这个案例先通过让学生猜测一种新型发明，激发学生的兴趣和好奇心；然后本着实用性和趣味性的原则，设计了"在展销会上介绍和推销这种新型发明——迷你打印机"这样一个有趣的、相对真实的语言交际任务，最大限度地激发学生的学习动机，促使他们主动地参与学习。该任务分两个层次，目的是为不同学习能力的学生提供可选择的展示平台。两个层次的任务相互关联，前者是后者达成的基础。这种梯度型任务的设计符合学生"最近发展区"的理论，把学生对文本知识的掌握提升到实际语境运用的高度，使学生在完成任务之后能够体验学习带来的成就感。

可以看出，这个案例在支架式教学的基础上采用了改良的教学设计，先引导学生搭建脉络清晰、由浅入深的概念框架，然后在框架的基础上用任务驱动课堂，使课堂更加顺畅、高效。在实施文本教学的过程中，采用自上而下的方式，从说明文文体特征入手，了解*Printing*主题的相关内容，即印刷术的起源、发展和影响。各项教学活动的设计由易到难，前后关联，层层推进，形成任务链，而且每一项教学活动都直接指向教学目标，无论是语言知识的输入还是语言知识的迁移，始终没有脱离语境，达到了教学上和逻辑上的连贯与流畅，最终水到渠成地完成任务。在本次课堂教学过程中，设计了大量的小组活动或双人活动，使得各个层次水平的学生都有自己的任务要完成，既尊重个体差异，又实现了面向全体学生因材施教的教学理念。（见表1）

表1 普通高中英语课程主题语境内容要求（Printing）

主题语境	人与社会
主题群	科学与技术
主题语境内容要求	社会进步与人类文明
核心概念	科学技术推动社会和文明发展
语篇标题	*Printing*

文本呈现

Printing

Printing is the process of making many copies of a single document using movable characters or letters. In China, printing was known as early as in the 7th century, during the Tang Dynasty; in Europe, it was an important part of the Renaissance. Printing answered a need because people were thirsty for knowledge.

Before printing was invented, copies of a manuscript had to be made by hand, usually on animal skins. This was a difficult task that could take many years, and which made books very expensive. Printing made it possible to produce more copies in a few weeks than could have been produced in a lifetime written out by hand.

It is believed that a German, Johann Gutenberg, made the first printing press in Europe. He adapted it from the machines farmers used to squeeze oil from olives. It used paper, which was more suitable for printing (and cheaper) than animal skins. Paper, like printing, had been invented much earlier in China and it had found its way to Europe, via southeast Asia and then India. By the 10th century AD, paper was being produced in Baghdad. The first paper mill in Europe was built at the end of the 12th century.

The first book that Gutenberg produced was a Bible. But as the ideas of the Renaissance developed, so did the demand for the Greek and Latin classics, which had been largely ignored for up to 2，000 years. People also wanted books in their own languages. The invention of printing meant that this desire could be satisfied. Soon there were printing presses all over northern Europe. In 1476 William Caxton set up his own press in London，and England became one of the most important centres of the printing industry. This spread of printed books led to a renewed passion for artistic expression. Without the development of the printing press，the Renaissance may never have happened. Without the development of the printing press，the Renaissance may never have happened. Without inexpensive printing to make books available to a large section of society，the son of John Shakespeare，a government official in rural England in the mid-1500s，may never have been inspired to take up writing as a profession. What western civilisation gained from Gutenberg's contribution is impossible to calculate.

教学流程

教学流程概览表见表1。

表1 教学流程概览表

任务	环节	目的	目标	检测	评价
任务前	Step 1：任务导学，目标引领	创设情境，激发兴趣			
	Step 2：整体阅读，归纳大意	引导学生依据说明文问题特征，快速地把握文章结构	目标1	归纳大意，划分段落	教师巡视了解学情，检查提问
	Step 3：细读课文，获取信息	提高学生获取信息的能力，任务链接为任务一、二准备	目标1、2	回答、翻译、选择、替换等形式	学生根据指令找出答案，并在学案中列出关键词，能运用所学说出任务相关句子
	Step 4：信息检测，巩固理解	检测学生对文章细节的理解	目标1	根据文章内容做出简单选择	前两题要求学生迅速找出答案，第三题则给出相应思考时间
任务中	Step 5：合作学习，展示成果	考查学生对课文内容、结构及语言知识的理解和运用	目标1、2	合作探究，互通有无，教师指定小组成员展示	教师找出小组中三个Level的代表分别展示，并口头评价

任务	环节	目的	目标	检测	评价
任务后	Step 6：自我评价	培养学生养成自我评价的好习惯	目标1、2	比对评价标准，进行自我检测	自我评价，调整学习策略
	Step 7：作业	展开丰富的想象，对课堂主题延伸的巩固			

教学设计

教学目标确立依据主要包括如下。

（一）课程标准要求及解读

1. 课程标准要求

（1）理解文章主旨，能根据所读文章进行转述或写摘要，通过准备能关联主题并做简短演讲。

（2）能根据学习任务的要求多渠道地获取英语学习资源，并进行加工处理。

2. 课程标准解读

"通过准备"表示"就某一主题列出演讲提纲和关键词"。"演讲"是指脱稿或运用"Look and speak"的技巧讲话，不能照演讲稿或课本念。对技能的评价在于学生是否能够涵盖该主题的关键要素，是否能做到脱稿或基本脱稿，语言是否准确。这要求学生在教师的引导和帮助下总结提纲或关键词，并恰当表述。

"理解"意味着阅读文章后，能够通过阅读微技能归纳或选择出主旨大意。对技能的评价在于学生是否能在规定时间内完成相关练习，这要求学生运用速读和找读技巧以及对文体的行文特征的认知进行总结归纳。

"加工处理"是指根据不同的学习任务，将获取的信息通过记忆、分类、归纳、过滤、重组、复述等方式处理，完成相关题目。对技能的评价在于学生是否能够根据任务要求获取与任务有关的信息，是否能够在所给文本的基础上进行"加工处理"，而不是照搬原文。学生要在教师的引导或提示下有目的地提取信息并运用到任务中。

"转述"是指学生在阅读完文章后，利用关键词，口头复述或书面改写，向他人转达文本的主要内容。对技能的评价在于学生是否能够不漏要点，口头复述是否自然流畅，书面改写是否清晰、完整、准确，是否运用新学词汇及表达。这要求学生整理思路，收集素材，规划结构，组织语言。

（二）教材分析

这篇文章从题目判断，大部分学生会觉得是在介绍中国的印刷术，实际上文章内容主要涉及印刷术的发明、在欧洲的发展以及对文艺复兴的影响，正是印刷术的发明及传播才使知识得以空前广泛地传播，这是欧洲文艺复兴成为可能的必不可缺的因素。这篇文章在整个模块中真正起到了Cultural corner应有的作用，为整个模块提供了很好的文化背景。

这篇文章是很明显的说明文文体，文章脉络很清晰（Origin development influence），教师适当加以引导，学生会比较容易找出文章脉络。文章生词量并不大，不会对学生的阅读造成障碍，难度适中。

本课重点在于让学生掌握说明文的基本框架，运用文中表达，如answer a need/be thirsty for/make it possible to do/find one's way to/satisfy one's desire/lead to a renewed passion for等完成任务。另外，so引导的倒装句也是本课学习的一个难点。

（三）学情分析

教学对象有一定的自主探究意识和小组合作意识，对于任务型教学模式已经非常适应。大部分学生已经有了比较好的学习习惯，如及时有效地记笔记、充分利用学习资源、积极投入小组讨论合作等。对于文艺复兴的开始、成就和作用，学生已经在前面的教学中有了解，到目前为止对于这类说明文写作的脉络也有一定的认识，但在口语或书面表述方面仍存在"说什么"和"怎样说"的问题，这是亟须解决的两个问题。

教学目标

教学目标1：通过阅读，学生能够厘清文章的主旨大意，总结出介绍一种发明的说明文的基本要素。

教学目标2：能理解文章的细节，并能根据关键词用五句话清晰、流畅地转述文本内容。

教学目标3：能够运用在课堂上学到的词语和表达方式，大方得体地向全班学生介绍一种新型的迷你打印机，以达到促销的目的。

📖 评价设计

（1）通过速读，回答三个问题。首先，学生对文章内容应有一个大致地了解，能够在规定时间内找到答案；其次，根据问题的答案总结出主旨大意，检测教学目标1的前半部分；再次，用头脑风暴的形式征集介绍一种发明的说明文的基本要素，并把这些要素有逻辑地排列；最后，依据这些要素对文章进行分段，总结段落大意，依据各个小组的发言情况，检测学生对教学目标1后半部分的达成情况。

（2）文章细节的检测与评价主要通过回答问题、替换句子、英译汉、选择题等练习来实现。首先，依据回答问题的准确性和规范性来检测教学目标2的前半部分；其次，采用自愿和抽查的方式（抽查对象为层次水平处于中等或偏下学生），让学生根据关键词转述文本内容；最后依据其流畅性、准确性来检测教学目标2的后半部分。

（3）用汉译英练习为任务做铺垫，采用抽查的方式（抽查对象为层次水平处于中等以及偏上的学生），面向全班学生用脱稿或者半脱稿的方式向顾客推销迷你打印机；依据其语态是否大方自信、是否脱稿、是否准确地运用新学词汇和文体结构知识完成对教学目标3的检测。

📖 教学实施

尽可能真实地为学生创设情境，满足学生的交际需求，促使学生在完成任务的过程中产生语言习得，满足学生的基本心理需求，从而最终达到掌握语言的目的。

Step I. Starter（导入）

Show a picture of a mouse-like mini printing press and say "Can you guess what it is？"

"Actually，it is a mini printing press. There is also an exhibition on display right now.（a picture of the exhibition）Welcome to the 19th Southern China Exhibition on Printing Industry. The organizers claimed that more working people were needed."

由两则招聘广告引出本课任务：应聘这两个职位。

Task 1：

Volunteers wanted.

Qualifications：

（1）Familiar with printing.

（2）Able to introduce it fluently to foreign visitors.

Task 2：

Speakers wanted.

Qualifications：

（1）Able to do a volunteer job.

（2）Make a speech promoting the marketing of the mini printing press.

同时，引出两个任务相对应的学习目标。

Learning Objectives：

（1）Sum up the basic elements of introducing printing and introduce it to others fluently by reading the passage.

（2）Introduce and promote a new invention to others by using the newly-learned expressions.

设计意图：通过一个展销会的背景为学生创设一个情境，让学生有真实交际的需求。

Part 1：Preparations for the Task

Step II. Skimming

（1）What is printing?

（2）Which continent was greatly influenced by printing in the passage?

（3）What cultural movement was printing especially important for?

收集学生答案，然后依据得出的信息，小组讨论并总结文章主旨大意。

设计意图：该环节针对教学目标1，这三个问题是获取文章主旨大意的关键，很容易通过第一段和最后一段迅速找出答案，通过三个问题的答案就可以顺理成章地概括出文章大意。

评价说明：要求学生在规定时间内回答三个问题，教师可在巡视的过程中了解学生的掌握情况，并提问检查准确性。归纳文章大意则需小组讨论，教师视小组代表发言情况检验学生对教学目标1的掌握情况，如果只能答出printing，需再提示关键词Renaissance和Europe。

Now we have got the main idea of the passage. But to finish task one—to introduce printing to the visitors, you need to know what aspects should be included.

设计意图：该环节仍是针对教学目标1，根据文章脉络，很自然地把文章分成三部分，并迅速总结出段落大意。

评价说明：在已有经验的基础上，学生会说出很多要素，在收集了诸多要素之后，要求学生找出最重要、最基本的几个要素，学生会得出"origin，development，influence"的结论。如果不是按照这个顺序，教师可再追问一句：If you want to organize the passage in order of time, which one should go first?

Now please read the passage again and decide if this passage is organized in this way. And if so, divide the passage into 3 parts according to the structure discussed.

（1）Definition and origin （Paragraph 1）.

（2）Development in Europe （Paragraph 2~4）.

（3）Influence to the Renaissance （Paragraph 5）.

评价说明：此处的三个关键词为origin、development and influence，如果学生能说出这三个关键词则为良好，如能给出如上更详细的信息则为最好。

Step III. Scanning

在知道了基本要素之后，接下来就要知道每一部分都应该介绍什么。

Part 1

Q1：When was printing first known in China?

Printing was known as early as the 7th century, during the Tang Dynasty.

Q2：Why did printing answer a need?

Printing answered a need because people were thirsty for knowledge.

Task linking

迷你打印机最近才为人所知。它满足了人们对方便生活的渴望。

The mini printing press was known to people only recently.It answered a need because people were thirsty for a convenient life.

Part 2

（1）What are the advantages of printing compared with handwritten copies?

（2）Who is believed to have made the first printing press in Europe?

（3）Replacement：

It（paper）was introduced to southeast Asia and India and then to Europe.

（4）Translation：

But as the ideas of the Renaissance developed，so did the demand for the Greek and Latin classics.

追问：What makes the demand satisfied?

Task linking

（1）迷你打印机使得人们在任何地方打印成为可能。The mini printing press makes it possible to print anywhere.

（2）随着科学技术的发展，人们对更加便捷的生活需求也增加了。As science and technology develops，so does the demand for a more convenient life.

（3）迷你打印机的发明意味着这种需求可以得到满足。The invention of the mini printing press means that this desire can be satisfied.

Part 3

What did the spread of printed books lead to?

The spread of printed books led to a renewed passion for artistic expression.

Task linking

迷你打印机的传播会导致更高效（efficient）的工作。The spread of the mini printing press will lead to more efficient work.

设计意图：Scanning部分的问答、翻译、选择、替换句子等问题设置针对教学目标2，用于检测学生对细节的掌握，为输出任务一做好准备；Task linking部分则是为任务做铺垫，指向教学目标3，用于训练学生对语言的运用，为输出任务二做好准备。

评价说明：教师应在检测的同时，在黑板上板书文章结构以及每一部分相对应的关键词和知识点，目的是便于层次水平较差的学生做笔记以及为后续任务的完成做好提示和铺垫。学生应在学案上列出自己完成任务所需的关键词，目的是加深记忆，为完成任务做好准备。学生应能根据教师的指令找出问题答案，能理解文段中的一般信息，分辨和理解文段、语篇中主要信息及观点的逻辑组织结构，并能在Task linking练习中说出所给句子，则为达到基本要求；较高要求则是在基本要求的基础上，根据阅读目的和文段的不同，调整阅读速度和阅读方法，并能欣赏文段中的文化信息，在Task linking中能快速组织句子，并流畅地表达。

Part 2：Accomplish the Task

Step IV. Consolidation

A questionnaire from the organizer：

（1）During which dynasty was printing first known in China?

  A. Tang.   B. Song.   C. Yuan.

（2）In which country did the first printing press appear ?

  A. Britain.   B. America.   C. Germany.

（3）Which of the following is NOT the benefit that printing brings?

  A. The Renaissance.

  B. The spread of Shakespeare's work.

  C. Paper-making.

设计意图：本节设计结合第一个任务，对于前两题，学生通过理解语篇内容就可以找到答案；对于第三题如果判断错误，教师则要留出更多的思考时间。

评价说明：该部分指向教学目标2，简单的单项选择题用于检测学生对文章内容的了解，第3个问题则稍微有点难度。

Step V. Oral work

（1）Introduce printing fluently to the foreign visitors.

设计意图：结合任务1~2，指向教学目标2，用于考查学生对课文内容的掌握程度；要求学生依据自己所记忆的有关主题概念的关键词和黑板上的提示，对课文内容进行转述。

评价说明：口语流利，语音准确清楚，语调自然，无语法错误，不需要原文帮助为最好；口语比较流利，个别发音不准，但比较自然，不影响理解，有较少语法错误，个别需要原文帮助为良好；有不自然停顿，有些发音不准，语调比较生硬，有些语法错误，但基本可以听懂，有的地方需要原文帮助为及格。

（2）Deliver a speech to introduce and promote the mini printing press, using as many newly-learnt phrases as possible ...

Good morning, ladies and gentlemen! Today I will introduce a new printing press...

be known to people... find one's way to make it possible to... As... so did/does...	answer a need; be thirsty for It is believed that... desire be satisfied lead to more efficient work

设计意图：结合教学任务2，指向教学目标3，用于考查学生对相关语言知识的运用；要求学生经过准备之后能脱稿或依据关键词半脱稿地面向全班同学推销这种新型迷你打印机。

评价说明：口语流利，语音准确、清楚，语调自然，生动活泼，并能运用8个以上的所学知识为最好；口语比较流利，个别发音不准但比较自然，不影响理解，能够说出6~7个句子为良好；有不自然的停顿，能用4~5个句子为及格；经常停顿、犹豫，表达不连贯，只能说出不到四个句子为不合格。

Step VI. Self evaluation

You need to know that if you are qualified to be a volunteer, you just achieved one objective. And if you are qualified as a speaker, you achieved both.

And you can grade yourself and see which level you are at?

How well have you achieved your Learning Objectives?

6' Excellent   4'~5' Good   1'~3' Work harder, please!

（1）Do you know the basic elements of introducing an invention?

　A. No（0'）　　B. Yes（2'）

（2）Can you introduce printing to your classmates properly?

　A. No（0'）　　B. Not fluently（1'）　　C. Yes（2'）

（3）Can you introduce the mini printing press to others using the newly-learned structures?

　A. No（0'）　　B. A bit（1'）　　　C. Very well（2'）

设计意图：该环节主要用于学生自测。要说明的是，如果只完成任务1，则只达到学习目标1；完成任务2，才能说明达到两个学习目标。

Step VII. Homework

Write down the passage introducing the mini printing press and imagine what the future printing press will be like if possible .

设计意图：该环节用于巩固学生课上所学知识，并提出一个分层的任务，鼓励更高能力的学生就未来打印机的样子发挥自己的想象和观点。

评价说明：如果学生能把课堂上所学内容完整且基本无语法错误地写出来为合格；如果学生能在此基础上加上自己的想象则为优秀。

"人与社会"主题语境下的任务型教学设计(Ⅱ)

本案例中，教师引导学生在丰富多样的语言活动中将主题概念相关联的词汇、语法和功能项目有机地结合起来。任务设计有两个特点：一是聚焦于解决具体的贴近学生生活且能引起学生共鸣和兴趣的实际问题——面向在中国学习的外国学生设计并展示一份学习汉语的海报，如中国功夫这一"中国名片"足以吸引中外学生的眼球；二是聚焦于学生的"学"，每一个学习活动都具有明确的目标，构成一个有梯度的、持续的学习活动。

教学设计应努力做到目标和检测的一致性。两个任务的设置都紧紧围绕着教学目标，并为教学目标服务。课堂中的Task linking部分指向的是语言知识目标的训练，整个课堂部分都在为最后的任务输出做努力，为学生储备了丰富的知识。每个教学环节都考虑到如何评价，这样整节课目标明确，评价标准清晰，效果显著。

在整个课堂教学实施的过程中，每一个小教学环节结束之后，都会以Task linking的方式对所学的语言知识进行巩固和迁移，让学生在新的语言环境中运用新学的语言知识。这种方式进一步加深了学生对语言知识的掌握，为学生最后任务的完成搭建有力的Scaffolding，形成半开放式的任务，既保证了课堂知识的内化，又为学生的语言发展创设了语用氛围。

该教学案例充分体现了合作学习模式，小组成员根据自己的学习能力和特长自行选择担任的角色，如记录员、资料收集员、发言人等，通过交流协作建构语言信息，完成教师设定的任务。在小组合作过程中，每个学生都有独立思考、积极参与语言表达的机会，从而达成自身的"最近发展区"的能力提升。在备课时，教师围绕"任务型教学"开展教学设计，课堂的每一个环节都是为最后的任务输出做准备，既帮助学生厘清文章主题脉络构思，又帮助学生实现

语言学习的正向迁移，并在完成任务的输出环节弘扬中国文化，引发学生坚定的中华文化自信心。（见表1）

表1　普通高中英语课程主题语境内容要求（*Chinese as a Foreign Language*）

主题语境	人与社会
主题群	历史、社会与文化
主题语境内容要求	社会热点问题
核心概念	弘扬中国文化，坚定文化自信
语篇标题	*Chinese as a Foreign Language*

文本呈现

Chinese as a Foreign Language

Who wants to learn Chinese? Just about everybody in the world, it seems. The demand for Chinese as a foreign language is growing fast, both in English-speaking countries, such as Britain and the USA, and in other countries like France, where the number of students studying Chinese has increased by 15% each year in recent years.

There are a number of reasons for the interest. As China develops economically, the opportunities for doing business increase dramatically—and if you know your partner's language, your chances of success increase. But there is also a renewed interest in the culture and traditions of China; the fact that Chinese culture has continued uninterrupted for more than 5, 000 years is a source of curiosity and fascination for people in other parts of the world.

A third reason is that learning Chinese is, simply, a challenge. With its characters and complicated tone system, most speakers of other languages think Chinese must be incredibly difficult. But is it really so? As one American student says, "The biggest problem with learning Chinese is often fear—sometimes caused by the teachers. I've studied a few languages, and none of them are as easy for me as Chinese. The grammar is easy, since sentence order is similar to English—but simpler. The only difficult part of spoken Chinese is the tone system. Even that isn't a big problem. I remember the first time I heard a native of Beijing speaking, it was so clear！"

With so much interest in the language，the Chinese government introduced an international exam system—HSK.

Established in 1990， the HSK test was initially meant for those learners who regard Chinese as a second foreign language. Later，it was introduced abroad. At the moment， there are more than 100 exam centers in 27 countries around the world，with nearly 150， 000 candidates taking the exam every year. And a spin-off of this is that teaching Chinese as a foreign language offers young Chinese language graduates interesting professional opportunities—and a chance to travel across the world.

教学流程

教学流程概览表见表2。

表2　教学流程概览表

任务	环节	过程	评价说明
任务前	Step 1：任务导学，目标引领	展示目标，明确本节课的任务	指向任务，明确目标
	Step 2：整体阅读，了解大意	PPT展示问题，学生整体阅读，找出每段的主题句并概括为关键词	概括归纳，建构框架
	Step 3：细读课文，获取信息，任务链接	细读文章，获取信息，完成翻译、选择、替换等形式的练习	厘清脉络，关注语言
	Step 4：巩固联系，加深理解	小组合作，学生通过口头作文的形式来回顾课文	巩固知识，关注语用
任务中	Step 5：合作学习，展示成果	学生分组，通过口头的形式展示已经完成的关于开设"汉语俱乐部"信件的内容	合作探究，展示成果
任务后	Step 6：自我评价	展示学生自我评价的问题。	自我评价，调整学习策略
	Step 7：作业	总结并整理课上的口头作文，修改、润色	延伸主题，巩固所学

📖 教学设计

教学内容分析：

英语是世界使用最广泛的第二语言，是不是所有国家讲的英语都是一样的呢？一个国家的历史、地域以及生活习俗等因素都会影响语言的发展。随着社会的发展，未来英语和各种语言在世界范围内的布局也会呈现出与今天完全不一样的面貌。在当今社会中，英语也并非一枝独秀。汉语作为世界上使用人数最多的语言，正在被越来越多的人当作第二语言学习和使用。本单元拟围绕"Colorful languages"这一话题，从语言发展的不同阶段、不同层面了解英语的差异和展望汉语的未来，重点探讨设计"吸引交流生加入汉语俱乐部"这个主题的海报应该包括什么要素。除此之外，用规范的语言来充实海报的内容是本单元要探讨的第二个重点问题。以本单元为依托，围绕主题核心概念，针对汉语作为第二外语联想到学生把英语作为第二外语进行学习，是他们比较了解、比较感兴趣的话题。教师不仅要引导学生设计出有创造力的主题海报，还要培养学生对汉语言文化及祖国文化的自豪感，坚定其文化自信。

📖 教学目标

（1）理解文章的基本结构，通过上下文之间的联系，分析句子结构，理解长句和难句，掌握主题语言词汇和句型。

（2）小组交流和合作，以图表和文字的形式，表述即将在汉语俱乐部开设的课程，为交流生设计一个在中国学习汉语的海报。

（3）写一封信给你的校长，建议在汉语俱乐部里开设中国功夫课程。

任务设计一：

很多交流生将来到我们学校学习汉语，请你为这些交流生设计并展示一份学习汉语的海报。

Many exchange students will come to our school to study Chinese. Please design and show a poster to them, call for them to join the Chinese club.

评价方案：

评价方案1（对应教学目标1）：

（1）能根据阅读目的和文章的不同段落，调整阅读速度和阅读方法。

（2）能分辨和理解文段、语篇中主要信息及观点的逻辑组织结构，了解各部分的相互关系。

评价方案2（对应教学目标2）：

（1）在完成任务的过程中能否做到热烈讨论，组员之间互相尊重。

（2）海报的设计应该有一定的创造性和个人的思考及见解。

（3）最后的海报输出表达比较清楚，有一定的逻辑性，语法运用能反映当前的学习水平，允许有个别的语法错误。

任务设计二：

留学生中有很多你的朋友，他们打算在汉语俱乐部学习汉语的同时学习中国功夫。这里要求你要写一封信给校长，建议在汉语俱乐部里开设中国功夫课程。

评价方案3（对应教学目标3）：

（1）学生在讨论的过程中能否坚持用英语热烈地讨论，组员之间互相尊重。

（2）在展示的过程中能否做到大方得体，语言准确、清楚，语调自然，用词丰富、恰当。

（3）最后形成的信件是否观点鲜明，表达清楚，逻辑性强。

教学流程

Part 1：Preparations for the Task

Step I：Lead in

Enjoy a video before the class. From the video，we can learn that many people in the world want to learn Chinese as a foreign language. A group of exchange students will come to our school in September，and they want to learn Chinese.

Learning Objectives

After learning the passage，I will be able to:

（1）Design and show a poster to the exchange students to call for them to join a Chinese club.

（2）Try to persuade the headmaster to open a Kung fu course in the Chinese club.

Step Ⅱ： Skimming

Read the whole passage， and find the topic sentence of each paragraph.

设计意图：以上问题的设置旨在引导学生从一般性文章中获取和处理主要信息。完成问题后，学生可以对文章的脉络有个整体的梳理。

Step Ⅲ： Scanning

（1）According to the topic sentences， divide the passage into several parts.

（2）Summarize the main ideas of each part.

设计意图：根据Topic sentences 学生很容易就把文章分成三部分，这为第一个任务的完成做了框架上的铺垫。

（3）Read the 1st paragraph and answer：

①Because of the demand for Chinese in English-speaking countries， how much has the number of students studying Chinese increased by?

评价说明：这个问题的答案很浅显，设置这个问题的目的并非是让学生来找答案，而是通过这个问题，让学生熟悉其中出现的重要短语和句型，这为完成后面任务起到至关重要的作用。此外，教师可以通过下面这个题目来加深学生对这个知识点的理解。

② Task linking exercise：Translation.

在说英语的国家，对中国功夫的需求增长得很快，学习中国功夫的人数在近年来增长了很多。

评价说明：该环节更多关注的是教学目标1中的语言知识目标——词汇的学习和运用。通过本例句翻译就能了解学生是否能够准确地运用刚刚学到的demand for 和复习"the number of"的用法。

注：所有的Task linking环节都指向语言学习目标，通过例句翻译达到语言知识的内化，并为任务输出做好充分的准备。此处不再赘述。

（4）Read the 2nd and the 3rd paragraphs and answer the question.

① What are the reasons for learning Chinese?

② Task linking exercise：Translation.

学习中国功夫的第二个原因是因为这对大多数外国人来说是个挑战。

The fact that Chinese culture has continued uninterrupted for more than 5， 000 years is a source of curiosity and fascination for people in other parts of the world.

③ Task linking exercise： Fill in the blanks with proper words.

人们学习中国功夫的原因是因为对中国文化和传统重新激发的兴趣，并且中国文化不间断地延续了5000多年，这让他们感到好奇和着迷。

_____people learn Chinese Kung fu is_____there is a_____in the culture and traditions of China， and the_____that Chinese culture has continued_____for more than 5，000 years is a_____for people.

评价说明：该环节指向的是教学目标1中的梳理文章结构，尤其是第二部分的第一个问题——原因是什么。如果学生能够回答好这个问题，那么对文章的脉络和具体信息都已掌握，为任务一中的海报设计做好了信息储备。

（5）Read the 4th and the 5th paragraphs and finish the questions.

① Who was the HSK test initially meant for?

② Task linking exercise：Translation.

这个课程是针对那些把中国功夫当作了解中国的一个窗口的学习者而设置的。

③ Can you find a sentence to replace this one?

Students major in Chinese can take the opportunity to teach Chinese as a foreign language and travel across the world， which is an extra benefit for them.

④ Task linking exercise：Fill in the blanks with proper words.

开设这门课程所带来的额外惊喜就是教授中国功夫给外国人，能为他们提供更多的机会来了解中国文化。

The_____of the course is that teaching Chinese kung fu_____the foreigners more_____to learn Chinese culture.

评价说明：该环节指向的是学习目标中的长难句理解。很多句子比较长，学生要静下心来认真研读后，再通过翻译以自己熟悉的语言形式再度呈现，可加深学生对语言知识的理解。

Part 2：Accomplish the Task

Step Ⅳ：Group work

Task 1： Design and show a poster to the exchange students to call for them to

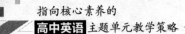

join a Chinese club.

Work in groups, read the information on the poster, and show the poster to all of the students.

评价说明：任务一的设计主要指向的是语言技能中说和写的目标，即能根据话题要求与人交流、合作，共同完成任务；能根据文字或图表提供的信息写短文或报告。此外，还要实现语言知识目标。

学生必须做到以下三点：①在合作过程中是否能够坚持用正确的英语讨论；②得体大方，能够较为流畅地用英语表述自己的观点；③使用本堂课所学词汇。在此基础上，教师根据学生使用所学词汇的数量、是否得当来判断其成绩的优良。

Step V：Oral E-mail

Task 2：Try to finish the e-mail orally to persuade the headmaster to open the kung fu course in the Chinese club.

评价说明：该小环节有助于培养学生迁移的能力。为降低难度，教师再次呈现文章的结构，至少学生应该知道表述原因的时候，能够正确使用firstly/secondly, thirdly 等，并有条理地表述自己的理由（学生可以参照以下提示，也可以自己总结理由）。

（1）在说英语的国家，对中国功夫的需求增长得很快，学习中国功夫的人数近年来增长了很多。

（2）人们学习中国功夫的原因是因为对中国文化和传统重新激发的兴趣，并且中国文化不间断地延续了5000多年，让他们感到好奇和着迷。

（3）开设这门课程所带来的额外惊喜就是教授中国功夫给外国人，为他们提供了更多的机会来了解中国文化。

Dear headmaster,

I'd like to offer you a good piece of advice on opening the Chinese kung fu course.

_____

_____

_____

Yours truly,

× ×

评价说明：最后的这个环节主要体现语言技能目标中写的目标。理想的状况是，学生能够把本堂课中所学的所有重点词汇都运用其中，并且信件中能够鲜明地表达自己的观点，逻辑性强。如果时间允许，教师对学生的作品进行点评就能够检测出学生是否达成了本堂课的学习目标。需要说明的是，E-mail的开头和结尾都已写好，并不是说写信的得体与否不重要，而是因为它并不是本堂课的教学目标。

Step Ⅵ：Evaluation

At the end of the class，

How well have you achieved your studying aims?

6' excellent   4'~5' good   1'~3' worker harder，please

（2）Do you know the steps to designing a poster?

A. No（0'）   B. Yes（2'）

（3）Can you understand the structure and the long sentence?

A. No（0'）   B. Yes（2'）

（4）Can you give some suggestions by using newly-learned expressions?

A. No（0'）   B. Yes（2'）

评价说明：该环节设计本身就是一个评价，目的是围绕整个目标，让学生自己总结本堂课的学习效果。需要注意的是，教师要关注学生最后一条的反馈，有意识地指导学生主动参加小组活动，而不是作为一个被动者。

Step VII：Homework

Finish the e-mail in the writing book after class.

评价说明：在设计的过程中考虑到学生在课堂上完成一封完美的电子邮件的可能性不是很大，即使完成了，也肯定有很多不完善的地方。所以，作业仍是与这一部分有关，根据学生在课堂上讨论的内容，课下把这一部分内容完成，巩固和完善文章写作，推动学生对主题的深度学习，建构主题新概念，达到最佳学习效果。

"人与自然"主题语境下的任务型教学设计

　　案例单元主题从介绍人类历史上和影片中的自然灾害开始，展现自然灾害对人类生存和发展的影响以及人类面对自然灾害时的积极态度，单元写作内容主要介绍灾难防范、应对与救援措施。通过对本单元主题概念的学习，引发学生的环保意识和灾难防范意识。文章按照时间顺序主要分为四部分：第一部分是飓风发生时受灾者的情绪变化和灾害的自然特征；第二部分是灾难刚刚发生后受灾人的担忧之情以及其积极应对的阳光心态；第三部分是灾难发生几天之后的情况发展以及受灾人的情绪变化；第四部分是一年之后，受灾人重返家园的喜悦之情。文章的主线是"卡特里娜"飓风发生后，以时间顺序发生的主人公的情绪变化以及其面对灾难时保持乐观的积极心态；文章结构清晰，内容简单，较易理解与掌握，所以在文章的理解上，对学生来说难度不大。

　　本节课为学生设置了两个层次的任务：第一个浅层学习任务——受灾采访和第二个学习任务——写一篇关于受灾民众的报道。教师为学生确立了目标并让他们进行探索尝试，引领学生探索方向。符合现实的任务设计让学生明确了本堂课的学习目标。该案例中任务设计的最大亮点就是调动每一个小组成员的参与热情，每个人都是活动的参与者，而不是旁观者。任务的完成需要小组成员分角色合作完成，而人物角色的分配分解了由一个人承担整个任务的压力，让每一个学生都有机会运用并展示本节课的学习成果。第一个学习任务更多地关注语言知识和语言技能的操练，第二个学习任务更加重视知识与技能的迁移运用，要求学生使用新学的语言描述自然灾害以及灾害对人们生活的影响，为接下来的主题单元写作任务——撰写自然灾害防范指南做好准备。（见表1）

表1　普通高中英语课程主题语境内容要求（*Stars after the Storm*）

主题语境	人与自然
主题群	灾害防范
主题语境内容要求	自然灾害与防范，安全常识与自我保护
核心概念	以积极态度应对灾难，增强环保意识和灾害防范意识
语篇标题	*Stars after the Storm*

文本呈现

Stars after the Storm

It's strange, but I don't really remember much about the hurricane itself. It all happened so quickly. I was sitting in my room with my cat, Smartie, on my lap, when the roof just flew off. All of a sudden, there was sky where the roof had been. I was so frightened that I just froze.

Mom cried to get out quickly, but it was already too late by then. The rain was coming down so hard and so fast. Our street turned into a river in seconds. We were going nowhere.

At first, I was pleased we could stay at home, but soon it got really tough. Without a roof, staying inside was too dangerous. There was water everywhere, but we couldn't drink any of it otherwise we'd get really sick. We just had drinking water that was sent to us by helicopter, but it was never enough. It was August, so it was really, really hot and it smelled so bad everywhere! I just spent the days watching the boats going up and down the street and looking out for Smartie. He had disappeared the moment the storm hit.

Living in the open air, we became breakfast, lunch and dinner for mosquitoes. But Mom said that whatever happens, we should always try to see the good sides of things. It was difficult to stay positive, though. We had lost our home and everything in it, including Smartie. All we had left were the clothes on our backs. But as Mom kept on reminding us, we were all together and safe. Mom's words made us feel better. I remember us all lying under the midnight sky and looking up at the stars. Because there were no lights, we could see the Big Dipper, the Little Dipper and the Milky Way. It was amazing! Even though we had lost a lot, moments like those gave us hope for the future.

Although it was only a few days before we were rescued, it felt like months. We were taken to another town in a faraway county. Thankfully, Smartie came home just in time. We were so happy to take him with us, although then, none of us knew that we wouldn't be back for quite a while.

Now, one year has passed and I'm back home in New Orleans. Some families have yet to return, but many others have come back. Although we are surrounded by reminders of the disaster, we are working together to rebuild our homes and our lives. Now we have another chance to look up at the stars of New Orleans, their beauty inspiring us and giving us confidence to move on.

教学流程

教学流程概览表见表2。

表2 教学流程概览表

任务	环节	过程	目的
任务前	Step 1："卡特里娜"飓风地图和图片导入主题	利用"卡特里娜"飓风的路线图和给人类带来的生命与财产损失，提出问题，导入语篇，引领学生体会自然灾害对人类的重大影响	创设飓风情境，激发学生学习兴趣
	Step 2：出示目标，明确任务	出示学习目标，展示本课任务	明确学习目标和本节课要完成的任务，提高学习的针对性
	Step 3：分别阅读文本前2自然段，文本第3~5自然段，文本第6、7自然段	通过前两段的阅读，让学生体会自然灾害下所发生的不可思议的事件，根据其他段落归纳总结并描述飓风给受到灾难的一家人带来的情绪变化历程，其处境虽令人担忧但是内心充满希望	问题的设置针对描述目标中自然灾害——飓风的发生过程，体会作者的心理感受，训练逻辑组织的能力，同时锻炼总结归纳的能力
任务中	Step 4：完成巩固练习	用文章中的词语完成课文图表，完成记叙性散文的框架建构	检验学生对文章结构和细节的理解，把握作者思想变化的过程

任务	环节	过程	目的
任务中	Step 5：就飓风期间灾难对受灾人进行采访	四人小组合作： 1.A Reporter at the scene... 2.A victim... 3.Another victim...	完成采访，巩固课文内容，加深对记叙性散文的理解，理解灾民感受，激发学习热情
	Step 6：写作反思，语言迁移	As an interviewer, write a report about the interview and the victims' attitude	作为采访记者，分享大家对文章标题的理解；写一篇灾后采访报道并发表在报纸上
任务后	Step 7：教学评价	自我评价，小组互评	自评与他评相结合，调整学习策略
	Step 8：作业	整理采访报道，查阅资料，丰富对自然灾害的认识，查阅灾害面前自我保护的措施	多渠道地获取学习资源，深入学习主题概念

教学设计

（一）课程标准要求

（1）运用词汇给事物命名、进行指称、描述行为和特征、说明概念等。

（2）能从文章中获取和处理主要信息，能有条理地描述个人体验和表达个人的见解与想象。

（二）相关课程标准解读

（1）"进行指称、描述行为和特征、说明概念"是指在阅读完文本之后，能够说出飓风等自然灾害的定义、形成过程、发生的时间、地点以及危害等。

（2）"获取和处理"意味着阅读文本后，能通过阅读技巧归纳出文本要点信息。对技能的评价要求在于学生是否能在规定时间内完成相关练习。

（3）"有条理地描述"是指阅读文本后，能根据事件发生的先后顺序等梳理文章中的事实性信息，引导学生有意识地关注时间、地点和事件等要素，进行口头表达以及书面交流。

（4）"表达"是指以口头或书面等形式向他人描述信息。

教学目标

教学目标1：通过阅读地图，能够找出并说出"卡特里娜"飓风的形成过程及其在美国的登陆过程、发生时间、地点和造成的危害等具体信息，并能够准确地归纳出描述一个自然灾害所需的基本框架及要素。

教学目标2：通过小组访谈活动，学习技术问题中使用表达感情的词汇和意象来描述重要事件或者难忘经历的表述手法。

教学目标3：分析标题中使用stars和storm进行对比的含义和效果，总结书写一篇灾后新闻报道。

评价设计

对应教学目标1：通过教师对"卡特里娜"飓风的形成过程和危害等的总结，引导学生获得对飓风以及其他的自然灾害描述所需的基本框架和要素。

对应教学目标2：能够糅合课文中的语篇信息并整理加工，整合为一个采访报道，参照书上提供的图表，通过小组合作来口头描述飓风发生后给一家人带来的心境和生活环境的变化。

对应教学目标3：理解标题中的stars 和storm 进行对比的含义，以积极的人生态度面对自然灾害。

Step I. Lead in

Enjoy some pictures and the hurricane map on page 68 of Hurricane Katrina occurred on August 23—31，2005.

Present the task：

Task 1：Finish a TV program covering the Violent Natural Disaster Hurricane Katrina.

Recruitment of the following persons：

Qualification：

> 1. **Reporters at the scene wanted**：able to describe the time，place and bad result of Hurricane Katrina
> 2. **Two victims wanted**：able to tell us the extra ordinary event and feelings they experienced.
> 3. **Health Experts wanted**：familiar with the hurricane's definition and result.

设计意图：本节课的任务是完成一期关于飓风自然灾害的电视节目，分为三个环节。第一个环节是一位亲临飓风现场的记者采访灾后情况；第二个环节是记者采访的灾民在飓风中和飓风后经历的心境及生活环境的变化；第三个环节是一位气象学家解读飓风的现象和灾害后果。这三个环节糅合了课文中围绕主题展开的语篇信息并整理加工，整合为一期电视节目。要完成这项任务的三个环节，需要注意两点：一是考查学生阅读技能，内化、整合和加工信息的技能，并将所学运用到实际语境中；二是借助小组活动强化小组合作意识。

Task 2：Write down the interview and present the report.

Preparations for the task.

Step II. While reading

（1）Now let's read the map of Hurricane Katrina and the first two paragraphs, then answer the following questions.

① What happened to the victim's house?

The roof just blew off. There was sky where the roof had been.

② What did the victim feel?

Frightened. （He was so frightened that he just froze.）

③ What is Hurricane Katrina and what damage has it caused？（见表3）

表3　What is Hurricane Katrina and what damage has it caused?

Definition	strong tropical storms
Speed	>125mph
Where	in the southern Atlantic Ocean where tropical depression forms
Damage	caused USD 108 millions and claimed 1，800 lives
The victims in the passage	roof / rain / street

（2）Describe a hurricane in detail according to the map and the passage.

It's one of the costliest natural disasters in US history， causing USD 108 million damage. It claimed more than 1，800 lives.

Please turn to your partner and tell him /her what happened to the victim， both the natural disaster and his feelings included.

参照表格和同桌简要复述"卡特里娜"飓风的发源地、持续时间、危害以及语篇中主人公的家庭与环境变化及其感受。

Then according to the choice, we can conclude the basic elements and structure when we want to introduce a disaster.

（Definition/Time /Place/Speed/Damage/Example）

设计意图：这些问题的设计指向的是教学目标1中"卡特里娜"飓风的情况描述、带来的损失以及灾民面临的具体处境和心态变化。该环节主要用于考查学生是否能描述飓风，学生在教师的引导下可以归纳总结出描述一个自然灾害所需的基本框架及要素，既训练了学生逻辑组织的能力，又锻炼了学生总结归纳的能力。

评价说明：在这一部分，教师要对学生的识图能力和在阅读语篇中寻找信息的能力以及造句的模仿语言运用的能力等进行评价。

（2）Read paragraphs 3~4 to know about more details about the hurricane and the victim's feelings.

Compare the two groups of elements mentioned in Paragraphs 3~4? What are the hidden meaning of the stars? （见表4）

表4　What are the hidden meaning of the stars?

Bad living conditions	
Roof/water/drinking water/weather/ the cat/mosquitoes	Stars

Therefore, we can see although the living conditions are quite bad, the victim's family still see the shining stars, which represented hope for the future. The family believed that whatever happens, they always try to see the good side of things. Everyone should have a positive attitude when facing disasters. （见表5）

表5　Fill in the table, using phrases or sentences from the text（Ⅰ）

Right after the hurricane	Worried	We didn't have enough drinking water. It was hot and _____.
	Hopeful	Mom told us to _____. The amazing stars at night gave us hope for the future.

（3）Read the last two paragraphs and fill in the table，using phrases or sentences from the text.（见表6）

表6　Fill in the table，using phrases or sentences from the text（Ⅱ）

A few days later	?	We were rescued. Samrtie _____
One year later	Optimistic	Many families have come back to New Orleans and are working together to _____.

设计意图：这两部分依然针对的是教学目标1。由于有上一环节的铺垫，学生很容易理解课文，体会作者在经历自然灾害后的心境和生活环境的变化。完成图表，深入理解星星在这篇课文中代表希望的深刻含义，厘清文章脉络和内容细节，学习主人公一家人积极应对灾难的乐观心态，使学生对人与自然的关系有更加深入的解读。

评价说明：能够独立完成总结语篇中主人公的心路历程，对比主人公一家人应对灾难的心态。能够用语篇中的语句来完整转述回答的学生为优秀；需要借助提示，语句运用简单词语的学生为良好。

Step III. Post reading & fulfilling the task

（1）Group work.

A reporter at the scene ...

I'm a reporter at the scene from CCTV 10.

Hurricane Katrina ... New Orleans on August 23—31，2005.

You can see the sad scene behind me：during the hurricane，the roof ... The rain ... The street ...

Now，local victims will tell us what he has experienced in the hurricane ... A health expert will give the victims some suggestions on how to protect themselves ...

（2）Discuss and share your opinion.

① What sort of attitude to life is reflected in the author's experience of looking at the night sky?

② If you were in the same situation as the author，what would you think and do?

③ What do you think could be done to help the local people rebuild their homes?

（3）Write down what the group has discussed and organize it into a report about the victim's family. If you can't finish it, continue writing after class.

设计意图：四人一组，围绕单元主题，综合运用多种语言技能，深入理解语篇内容，描述自然灾害"卡特里娜"飓风以及它对人们生活的影响。同时小组采访中添加一名专业健康人员，着重启发学生对自然灾害的预防以及心理调节方面的应对措施，这为下一节课的主题语篇写作——自然灾害防范手册埋下伏笔，不仅培养学生对自然灾害的防范意识和自我反思意识，而且培养学生积极乐观面对自然灾害的生活态度。小组合作完成任务并进行展示，在自主合作探究式学习的过程中，监控、评价、反思和调整自己的学习活动，通过整理采访内容，形成一篇完整的报道，最终促进语言能力、文化意识、思维品质和学习能力等的综合提升。

评价说明：是否能够有意识地按照事件发生的先后顺序，关注时间、地点等基本要素，厘清采访内容的结构和细节，鼓励学生对同一个问题用不同的方式进行表达，在讨论中对其他学生描述的信息进行补充或者展开。在深入理解文章主题的基础上联系自身实际，探讨教师给出的三个问题，结合生活常识，发挥想象，表达自己的观点。在专家给予建议环节，结合课本内容给予适当建议，课后多渠道地学习和查阅主题相关内容，补充安全指南，为接下来的飓风安全指南做好充分的语言和心理准备。

Step IV. Homework

Polish your work after class, referring to useful resources to make your work much better.

设计意图：该环节旨在回顾复习课上所学的语言表述方式，完成采访节目报道工作的同时，围绕主题进行拓展延伸，在读写的具体学习活动中不断实践，围绕主题意义的词汇和句型，由浅入深、由易到难、循序渐进地开展语言实践，培养听、说、读、写过程中的微技能，掌握写作概要的写法和写作中构思、修改等技能。

评价说明：可以把下节课作为对精彩作品的回顾，即下一节课主题语篇写作——自然灾害防范手册的伏笔，表扬表现优秀的小组和个人，通过教师评价的方法计入小组阶段性成果中，给予嘉奖。

Step V. Evaluation

1. 自我评价

（1）本单元有很多围绕自然灾害这一主题的词汇，我觉得词汇的整体情况（　　　）。

　　A. 很多，记不住　　　　　　　B. 按照自然灾害的类别记忆

　　C. 一个一个念下去　　　　　　D. 按照英语的定义记住名词

（2）我能读懂有关自然灾害的话题，也能够用自己的语言描述自然灾害以及它带给人们的危害和影响（　　　）。

　　A. 认真思考，灵活使用新词汇描述自然灾害

　　B. 能跟着课本的原句说几句

　　C. 读懂，但是不会描述

　　D. 不能读懂，也不能描述

（3）当我听不懂或读不懂介绍自然灾害的表达时，我会（　　　）。

　　A. 停下来进行思考

　　B. 马上问同学

　　C. 求助于科学简易读物或报纸杂志

　　D. 把不懂的记下来，过后再思考。

（4）在口头表达时，我（　　　）。

　　A. 没办法用学到的短语

　　B. 能勉强用几个

　　C. 经过思考能用上好几个

　　D. 只能写一些已经学过的句子，写不出有新意的句子

（5）是否在主题学习中反思自然灾害中的人为因素？是否学会以积极乐观的人生态度面对自然灾难？

设计意图：让学生就这节课对自身有一个满意与否的评价作为自我考核和激励。要求学生根据自身情况如实填写，选择恰当的策略与方法，反思并改进策略，同时多角度地观察和认识世界，对事物做出正确的价值判断。

2. 小组互评（见表7）

表7　小组互评表

姓名	发言的次数（多于平均3，一般2，少于平均1）	和同学的合作意愿（好3，一般2，不太愿意1）	对同伴的启发和帮助（较大3，一般2，几乎没有2）	为小组活动准备的资料（较多3，一般2，几乎没有1）	总分

　　设计意图：在小组活动中，学生对合作伙伴的如实评价，既是通过对比对自身的一种激励，也是学生可以依据自评、互评与教师评价适时调整自己的学习策略，从而获得最佳学习效果的方法。

参考文献

［1］汤姆·马卡姆.PBL项目学习：项目设计及辅导指南［M］.董艳，译.北京：光明日报出版社，2015.

［2］威金斯，麦克泰格.追求理解的教学设计［M］.2版.闫寒冰，宋雪莲，赖平，译.上海：华东师范大学出版社，2017.

［3］克拉斯克，布鲁门菲尔德.基于项目的学习［M］.北京：教育科学出版社，2010.

［4］联合国教科文组织.教育：财富蕴藏其中：国际二十一世纪教育委员会报告［R/OL］.http：//www.un.org/chinese/esa/education/lifelonglearning/4_1.html，2016-01-26.

［5］陈怡倩.统整的力量：直击STEAM核心的课程设计［M］.长沙：湖南美术出版社，2017.

［6］约翰·D.布兰思福特.人是如何学习的：大脑、心理、经验及学校（扩展版）［M］.程可拉，孙亚玲，王旭卿，译.高文，审校.上海：华东师范大学出版社，2013.

［7］哈伦.科学教育的原则和大概念［J］.中国科技教育，2011（4）：10-13.

［8］程介明.国际接轨辨［J］.上海教育，2018（16）：54.

［9］L·W.安德森.学习教学和评估的分类学［M］.皮连生，主译.上海：华东师范大学出版社，2008.

［10］纽南.任务型语言教学［M］.北京：外语教学与研究出版社，2011.

［11］龚亚夫，罗少茜.任务型语言教学［M］.北京：人民教育出版社，2006.

［12］张华.课程与教学论［M］.上海：上海教育出版社，2000.

［13］王松美，李宝荣.英语新课程教学与教师成长［M］.北京：中国人民大学出版社，2011.

［14］龚亚夫，罗少茜.英语教学评估——行为表现评估和学生学习档案［M］.北京：人民教育出版社，2002.

［15］特里·汤普森.支架式教学：培养学生独立学习能力［M］.王牧华，陈克磊，译.重庆：西南大学出版社，2019.

［16］Bransford, J. D. , Brown, A. L. , Cocking, R. R. *How people learn: Brain, mind, experience and school* ［M］. Washington, DC: National Academy Press, 1999.

［17］H. Douglas Brown, Heekyeong Lee.*Teaching by principles: an interactive approach to language pedagogy* ［M］. Pearson Education, 2015.

［18］Bender W. N. *Project-Based Learning: Differentiating Instruction for the 21st Century* ［M］. Thousand Oaks, CA: Corwin Press, 2012.

［19］DeJong, T. & Ferguson-Hessler ［M］. Types and qualities of knowledge, Eduacational Psychologist, 1996.

［20］Anderson, L. W. (Ed.) , & Sosniak, L. A. (Eds.) . *Bloom's taxonomy: A forty-year retrospective* ［M］. Ninety-third Yearbook of the National Society for the study of Education. Chicago: university of Chicago Press, 1994.

［21］Bowen, Ryan S. *Understanding bu design* ［M］. Vanderbilt University Center for Teaching, 2017.

［22］中华人民共和国教育部.普通高中英语课程标准（2017年版）［M］.北京：人民教育出版社，2018.

［23］Bruner, J. The Act of Discovery, Harvard Educational Review, Vol.31.Stroller F, 2007. *Establishing a Theoretical Foundation for Project-Based Learning in Second and Foreign Language Contexts* ［M］. Beckett G H, Miller PC Project-Based Second and Foreign Language Education: Past, Present, and Future. Greenwich, Conn: Information Age Publishing, 1961: 18–45.

［24］Jay McTighe, Grant Wiggins. *Understanding by design* ［M］. Assn for Supervision & Curriculum, 1998.

［25］Skehan, P. A. *Cognitive Approach to Language Learning* ［M］. Oxford University Press, 1998.